空海の般若心経

著

セルバ出版

はしがき

空海の教学関係の著書をまとめた撰集を『十巻章』と呼んでいる。内容は、『辨顕密二教論』（二巻）、『即身成仏義』（一巻）、『声字実相義』（一巻）、『吽字義』（一巻）、『秘蔵宝鑰』（三巻）、『般若心経秘鍵』（一巻）と、空海の参考書である龍猛著『菩提心論』（一巻）である。空海の著書は、『菩提心論』を除くから「九巻」になる。

筆者は、「九巻」の内『般若心経秘鍵』を除いた著書については、これまで博士論文『空海と智の構造』（東方出版）をはじめ諸著書、諸論文などで扱ってきた。しかし、『般若心経秘鍵』については、これまで正面から扱うことをしなかった。というよりも、できなかったと言ったほうが正解である。

何故なら、『般若心経秘鍵』の文言や語句をどのように扱ったらよいのか、テーマや処理の仕方について具体的で主体的な視座が定まらず、執筆する上での問題意識つまり何をどのような方法で著述したいのかということがまったく見えてこなかったからである。

今回、『般若心経秘鍵』を扱うことができたのは、これまでの空海研究で積み重ねてきた成果のおかげであると思っている。それは、『般若心経秘鍵』の文言や文脈から空海の密教思想を読み取ることができるようになったからである。つまり、これまで出版された多くの『般若心経秘鍵』関係の図書に見られるような注解・注釈や解説中心の理解ではなく、私自身の理解する空海の密教思想から『般若心経秘鍵』の文言や文脈を読み解くことができるようになったということである。

空海の最後の著作の持つ重みがわかるようになるためには、それだけの歳月がかかったということである。牛歩のような歩みであったが、止まらずに進んだからこそと思っている。そして、何と言ってもこれまでの注解、解説、研究書には見られない新しい知見を述べることができたことに感慨を覚えている。

それと共に、本書を著述する上で参考にした『般若心経秘鍵』関係の諸図書から有意義な知見を得ることができ、それらを参考にすることによって、本書を書き上げることができたことは言うまでもないことである。

二〇一九年一一月二七日

村上　保壽

空海の般若心経　目次

はじめに

「空海の般若心経」という本書名について、この書名は、空海が『般若心経』の言葉を独自に解釈した著作『般若心経秘鍵』のことを言っているのではないのかと問われれば、そうであると答えるしかないであろう。しかし、それだけの意味でこのような書名を付けたのではない。空海が『般若心経秘鍵』で『般若心経』の一字一句一行を独自なつまり密教の視座から解釈しているとしても、その本質に向けた視線は、あくまでも『般若心経』自体の語句や文言に向けられているからである。

その意味で、『般若心経秘鍵』は、『般若心経』あっての著作であると言ってよいと考えている。何故なら、「秘鍵」という語には、『般若心経』それ自体の一字一句一行に隠された如来の深秘な教えと精神性を密教の鍵で開示したいという空海の意図が示されているからである。

すなわち、『般若心経秘鍵』は、『般若心経』に内在する仏教精神つまりこの経典の核心である空の思想性をさて置いて、経文の言葉を密教的視座から一方的に解釈した著作であるというのではない。

空海が『般若心経』に真言密教の本質に通じる何か重大な一字一句一行を見い出したが故

に、『般若心経』を取り上げ、『般若心経秘鍵』を著述したと考えることができるのではないだろうか。いささか回りくどい言い方であるが、要するに、空海の関心は、あくまでも『般若心経』それ自体に向けられていると言いたいのである。

ところで、これから始める『般若心経秘鍵』の考察をすすめていく上で、本書の内容と意図をよりわかりやすくなるために、この書名に副題を付けるとしたらどうであろうか。筆者としては、「秘鍵のことば」と付けるのが適切ではないかと考えている。この場合、秘鍵の語は、『般若心経』の一字一句一行に隠された法仏の深秘な語義（語密）を顕教的な注解、注釈の言葉によっては決して明らかにならない『般若心経』の真髄を解き明かし、開示する密教の教義と思想性をあらわしている語であると理解している。その真髄を解き明かし、開示する空海の「ことば」を「秘鍵のことば」と言い換えているのである。

筆者は、この「秘鍵のことば」という理解が空海自身の理解に他ならないと考えている。それは、後ほど取り上げるが、空海自身が「この経典の幽玄な意味を読み取った人はいない」という言葉でもって『般若心経』を顕教的視点から注解、注釈する学匠たちの姿勢を取り上げて、そのあり方を否定しているからである。空海は、経文の一字一句一行に含まれている奥深く幅広い多様な「ことば」の意味に視線を向けず、心を向けず、気もつかず、経文の言葉に注釈をつけるだけという態度を問題にしているのである。

それでは、空海の『般若心経』解釈を成立させている「秘鍵のことば」の深い意味を理解するために、経文の「ことば」に隠された深秘な法仏の「ことば」の世界、語密の世界を明らかにしていく空海の独特で偉大な著述作業を見ていきたい。

具体的な作業としては、空海が密教の視座と「秘鍵のことば」によって意義づけた『般若心経』の密教的解読とその内容を明らかにするとともに、空海が『般若心経』を生涯の最後のテーマとして選んだという事実から何が明らかになるのか。あるいは、空海にとって『般若心経』はいかなる意義を有しているのかという問題を『般若心経秘鍵』を通して考えてみたい。

そして、『般若心経秘鍵』の文言や語句が空海の『十巻章』を始めとする著作にも見られるのであれば、それらの文言や語句についても触れながら、空海の『般若心経』理解と思想性について考察してみたい。

※注、資料からの引用は、原則として現代語訳で示しているが、読み下し文で示す場合もある。

第一章　空海の時代の『般若心経』観

一　天皇の勅に見る『般若心経』観

空海が生きた奈良時代末から平安時代初にかけて、人びとは一般に『般若心経』をどのように理解し意義づけていたのであろうか。

奈良時代後期から末期にかけての『般若心経』理解については、『続日本紀』（七九七年（延暦十六年）編纂了）にある天皇の勅《みことのり》が直接その事情を語っている。例えば、七五八年（天平宝字二年）八月十八日の淳仁天皇の勅、あるいは七七四年（宝亀五年）四月十一日の光仁天皇の勅を示すことができる。

両勅ともほぼ同じ文言で内容が述べられているが、まず淳仁帝の勅から紹介する。

聞くところでは、『摩訶般若波羅蜜多《まかはんにゃはらみった》』（『摩訶般若波羅蜜多経』）は諸仏の母であるとされており。四句の偈《げ》（提帝提帝《ぎやていぎやてい》などの偈）などを受持し読誦すれば、福徳が集まって来て、考えられない程であると言われている。そこで天子がこれを念ずる時は、兵乱や災害は国内に入らず、庶民が念じたならば、病気や疫病神は家の中に入らず、悪を断ち幸福を得るにはこれ以上のものはないと。

そこで天下の諸国に布告して、男女老若となく行住座臥、口のひまがあれば、皆『摩訶般若波羅蜜』を念誦させるようにせよ。文武百官の人たちも、朝廷に出仕して官庁に赴く時、途中の道路上においても毎日常に念じて、往来の時間を無駄にすることがないようにせよ。願うところは風雨が時節どおりで、洪水や日照りの災厄が全くなく、寒暖が順調で、ことごとく病気の災いをのがれるようにということである。広く遠近の諸方に告知して、朕の意向を知らせるようにせよ。（『続日本紀』巻第二十一）
（注、この『摩訶般若波羅蜜多』は、受持し読誦し念誦しとあるところから『摩訶般若波羅蜜多心経』いわゆる『般若心経』であることがわかる）。

空海生誕の年である光仁帝の勅は、ほぼ淳仁帝の勅の内容と言葉を踏襲している。

さて『摩訶般若波羅蜜』は諸仏の母である。天子がこれを念ずる時は、兵乱や災害は国の中に入らず、庶民が念ずる時は流行病や疫病神は家の内に入らない。この慈悲によって短命を救わんと思う。天下の諸国に告げて、老若男女を問わず、起《た》っている時も座っている時も歩いている時も、皆『摩訶般若波羅蜜』を念誦するようにせよ。文武の百官たちも朝廷に向い、役所に赴く途上や、公務の余暇には常に必ず念誦せよ。願うのは、陰陽が順序に合わせ、寒気温気が調和し、国に流行病の禍いがなく、人が天寿を全うすることである。あまねく遠近に告げて朕の意を知らせよ。（『続日本紀』巻第三十三）

両帝の勅から奈良後期から平安初期の時代において、天皇から一般の人びとまで『般若心経』の読誦によって、季節や天候が順調に推移することを願い、国家の安泰と人びとの無病息災が祈られ、一切の災厄や苦厄からのがれ、福徳が集まって来る、ということが確実に信じられていたことがわかる。

なお、両帝の勅で注目されるのは、淳仁帝の「願うところは風雨が時節どおりで、洪水や日照りの災厄が全くなく、寒暖が順調である」こと、あるいは光仁帝の「願うのは、陰陽が順序に合わせ、寒気温気が調和する」ことという祈願の言葉である。

この祈願から予想されるのは、季節や天候の順調と天変地異のない無事息災の願いは、奈良時代に成立する神仏習合思想や神宮寺の存在からすると、仏ではなく自然界の霊性つまりアニマ（霊魂）である神々に向かって祈られたのではないだろうか。そうすると、この場合は、寺院ではなく神社において『般若心経』を神前で読誦するという形態で祈願されたこともあったことが考えられる。今日においても『般若心経』を読誦している神社があるが、その名残ではないかと思う（高野山では現在も日常である）。

それはさて置き、先の記事についてもう少し考察すると、淳仁帝が「聞くところでは」と述べているが、この聞かれた相手は、『般若経』を根本経典と考えている三論宗の学匠たとえば著名なところでは元興寺の智光あたりではなかったかと思う（村岡　空『般若心経秘鍵入門』参照)。

この学匠が帝に『般若心経』を読誦する利益《りやく》として、季節や天候の順調な推移と国家社会の安泰と人びとが一切の災厄や苦厄から逃れ、福徳を得ることを説いていることは、そもそも学匠を含めた一般的で本質的な『般若心経』理解であったのではないだろうか。そして、この理解は、明らかに空海の理解する意味内容でもあったと言えるのではないだろうか。

次に、光仁帝の勅にある「庶民がこの経典を念ずる時、この慈悲によって短命を救いたい」という言葉は、文面からは明らかに帝が『般若心経』を般若の空思想ではなく、慈悲を与えてくれる経典として理解していたことを示している。しかし、『般若心経』の文面からは、一切の実体を空じる(否定する)三論宗の空の思想を読み取ることはできるにしても、『法華経』などで代表される大乗の慈悲の精神を直接読み取ることはできない。

そうであれば、この理解はどこから来たのであろうか。これについて、少し考察してみたい。

先の両帝の勅で『般若心経』読誦の利益《りやく》が述べられていたが、この利益が一切の実体を否定する般若の空思想を説いている語句に示されていることは考えにくい。そこで、この利益を具体的に示している語句を経文の中から取り出すと、次の二つの語句であることがわかる。

一つは、『般若心経』冒頭の一節「観自在菩薩《かんじざいぼさつ》行《ぎょう》深《じん》般若波羅蜜多《はんにゃはらみた》時《じ》、照見《しょうけん》五蘊《ごうん》皆《かい》空《くう》、度《ど》一切《いっさい》苦厄《くやく》」。すなわち、「観自在菩薩が深遠な智慧の完成（般若波羅蜜多）を修行していたとき、存在するもの（色）にある五つの構成要素（五蘊、注記参照）がその本性において実体のないもの（空）であることを見抜き（照見し）、その智慧によってすべての苦しみとわざわいから救われた（度一切苦厄）」、と述べている語句「度一切苦厄」である。

もう一つは、結論を述べている箇所の「故知《こち》般若波羅蜜多《はんにゃはらみた》、是大神呪《ぜだいじんしゅ》、是大明呪《ぜだいみょうしゅ》、是無上呪《ぜむじょうしゅ》、是無等等呪《ぜむとうどうしゅ》、能除一切苦《のうじょいっさいく》、真実不虚《しんじつふこ》」。すなわち、「それ故に人は知るべきである。智慧の完成とは、大いなる真言（大神呪）、大いなるさとりの真言（大明呪）、無上の真言（無上呪）、無比の真言（無等等呪）であり、その真言（明呪）は、すべての苦しみを除くもの（能除一切苦）であり、真実は虚しいものではない（真実不虚）」、と述べている語句「能除一切苦」である。

この二つの語句は、光仁帝が「この慈悲によって救いたい」という思いを以って人びとに『般若心経』の読誦を命ずることができた理由ではないだろうか。すなわち、光仁帝は、二つの語句、「度一切苦厄」と「能除一切苦」の語句から『般若心経』に内在する慈悲の心を読み取られたと同時に、御自身の心とされたのではないかと思う。

そして、後ほど考察することになるが、空海は、『般若心経秘鍵』の中で、この二句が『般若心経』の真髄であり根本精神に他ならないと考えている。特に注目したのは、「真言（明呪）はすべての苦を能く除く」という語句であったのではないかと思う。この真言については、後の章で取り上げることにする。

いずれにせよ、「あらゆる苦厄から救われる」あるいは「すべての苦を除く」という言葉が示すものは、仏教の慈悲の実践である。その意味で、空海の『般若心経』理解は、光仁帝の理解でもあったことがわかる。

しかし、『般若心経』におけるこの二句の本質性や重要性だけを問題にするのであれば、『般若心経秘鍵』を著述するまでもないことである。天皇から庶民までこの経典の利益を信じているからである。それにも拘わらず、空海は、何故『般若心経秘鍵』を著述しようと考えたのであろうか。

【注記】五蘊とは、五つの集まりの意味である。五とは、色・受・想・行・識である。色は物質一般あるいは身体をいう。受は感受作用のことで感覚をいう。想は心に浮かぶ表象作用である。行は意志あるいは欲求に当たる心の作用をいう。識は認識作用、識別作用をいう。色は身体であり、他の四つは心に関するものである。したがって、われわれの身心は、五蘊の集まりに他ならないことになる。

二　『般若心経秘鍵』著述の動機

『般若心経秘鍵』著述の動機あるいは理由は、次のように推測できるのではないかと思う。すなわち、空海は、『般若心経』が経典中の最勝の経典であり、威神力を持った最強の経典であること、そしてその価値の本質と重要性が先の「度一切苦厄」と「能除一切苦」の二句にあることを認めるためには、顕教である三論宗の空の思想を説いている『般若心経』という経典理解では、『般若心経』の最勝最強性も、そしてこの二句の本質と重要性も決して明らかにはならないと考えたようである。

そこで、空海は、『般若心経』が密教の真髄を説いている経典に他ならないと捉え、『般若心経秘鍵』を執筆しようと考えたのではないだろうか。これについて、一つの推論ではあるが、次の二つの理由を挙げることができると思う。

一つは、すでに見たように、『般若心経』の読誦が「度一切苦厄《どいっさいくやく》」と「能除一切苦《のうじょいっさいく》」のはたらき（用）を有していることに注目したことが根本的理由としてあげられる。

ところで、この時期の奈良仏教界では、釈迦が生涯に説いた多数の経典を三つの時期に分類し、その教えを意味づけ、それぞれの教相の優劣を対比的に判断し、さまざまな経典の成立を時間的に順序づけている。一般にこのさまざまな意味づけを「教相判釈」と名づけている。略して「教判」という。

例えば、法相宗の三時教判をあげると、すべての存在は因縁によって成立しているが、それを構成する要素はあると説く第一時の有教（『阿含経』など）、すべてのもの（色）の本性は空であると否定的に示す第二時の空教（『般若経』など）、本当の空の真意をあらわしている中道を説く第三の中道教（『解深密経』、『華厳経』など）と定義している。それぞれ小乗教、権大乗教、真の大乗教とする。この教判によると、『般若経』の教えは、第二時未了（中道の空を説いていないために未了と規定する）の権大乗の教えということになる。

しかし、空海は、この二句が、第二時未了の教えである『般若心経』の行果（修行と「さとり」）であるにしても、苦厄から救われ、真言が苦を除くという行果は、概念的には密教の深秘な行果そのものに他ならないと考えている。

もっとも、この二句にある「苦」の概念は、そもそも釈尊が発見して始まった仏教の根本概念である。その意味では通仏教的な概念であって、顕密にこだわる必要はないのかも知れない。

しかし、空海はこの二句が大乗の慈悲の実践を生み出す思想性を持っているかどうかを考えたようである。それが『般若心経秘鍵』著述のもう一つの理由である。すなわち、この二句が『般若経』の一切を否定し空じてしまう「空の思想」(ニヒリズム)から導き出されている概念であるところに批判すべき問題点を見たようである。

いわば、この空の思想は、存在の一切の規定性(〜である)を絶対的に否定するために、あらゆる存在の実体を空じ、論理的には自心さえも空じることになる。その結果、自心の仏(仏性)を見ることができない。したがって、この思想は、『秘蔵宝鑰』第七住心で『釈摩訶衍論』の「五重問答」を引用して、「この住心は、言語と心を絶対に離れているが故に、無明の分位である」と結論されているのである。この住心は、空性の認識の深さにも拘わらず、実践的な原理を提示することができないといえる。

それ故に、空海がこの二句を積極的に評価するためには、この二句は、第二時未了の教えではなく、中道の空を包摂し積極的に肯定する密教の教えであることを論証する必要性を考えたようである。すなわち、この二句の概念は、根本的に自心に仏性を認め、本不生不可得中道の思想と大悲の実践(利他行)とから演繹された密教の三摩地門(三密瑜伽の境地)の概念でなければならなかったのである(本不生不可得中道と三摩地の概念については注記する)。

そこで『般若心経』を密教の視点から新たに解釈する必要があると考えた結果、この二句が密教の概念であることを明確にするためにも、『般若心経秘鍵』の著述を考えたのではないだろうか。

空海は、両帝の勅が『般若心経』読誦によって季節や天候の順調と国家の安泰と人びとの無病息災が祈られ、一切の災厄から逃れ、福徳の得られることを承認した上で、密教の視座からあらためて論理づけようとしているのである。その意味で、空海の『般若心経』理解は、この時代の『摩訶般若波羅蜜多心経』理解を忠実に反映していると言える。

【注記】本不生とは、一切の「もの」（法）が本《もと》つまり根本原因から生じたのではないという意味であり、不可得とはその根本原因や存在理由などを知ることができないという意味であり、中道とは一切の規定性（〜である）を離れている存在性を意味している。

次の三摩地とは、サマーディの音写で定、禅定、等持とも訳す。辞書的には心を一点に集中させる精神統一をいう。

空海は、この概念を『即身成仏義』では三密加持と述べている。三密とは仏の身密、語密、意密という三つの秘密のはたらき（作用）をあらわす。空海は、この三密加持について、仏と行者との三密が互いに応じ合い、力を加え合い、摂《おさ》め持《たも》ち合うあり方であると説明している。

また、「六大無碍にして常に瑜伽なり」の説明で、六大を本体とするすべての存在すなわち仏から森羅万象までの一切の存在者は、「障りなくさまたげもなく（無障無碍）、互いに交渉し応じ合って（相応渉入し）永遠不変であり、そのままで真実のあり方として存在している。それ故に、六大無碍にして常に瑜伽なりという」と述べている。そして、瑜伽の意味をこの相応渉入の意味であると述べている。その意味では、三密加持を三密瑜伽と言い換えることができる。

この三密加持の「相応渉入する瑜伽のあり方」を『大日経開題』「法界浄心」（八二四年、天長元年頃）では「入我我入」の語で次のように説明している。すなわち、「加持の加とは往ったり来たりして互いに入り込むことであり、持とは摂《おさ》めて散失しないこと、しっかりと持《たも》つこと、すなわち入我我入がその意味である」と説明している。

以上の説明から、空海の三摩地の概念は、最終的には仏（本尊）と行者とが互いに入我我入する三密瑜伽の境地をあらわしているのである。そして、重要なことは、この三密瑜伽の時間と空間いわば入我我入の境界（門）において、大悲に条件づけられたさとりの智慧が出生することである。その意味で、三摩地門の境地とは、密教のさとりの境地を示している概念であるといえる。

第二章　『般若心経秘鍵』の構成と論述

一　『般若心経秘鍵』の三分構成

空海は、『般若心経』の本質をどのように理解しているのであろうか。あるいは、空海は、『般若心経』の文言や文脈からいかなる思想性を読み取ったのであろうか。これらの疑問への回答が『般若心経秘鍵』の著述に他ならない。空海は、この著作において自らの独自な『般若心経』観を展開しているのである。

そこで、空海の『般若心経』観について、『般若心経秘鍵』をその文脈に従って読み解くことによって、明らかにしたい。その前に、『般若心経秘鍵』自体の構成と内容について、その概略を簡単に示しておく必要があろう。その後で、空海が展開している意図や思想について考察することにする。

ところで、従来ほとんど注目されることはなかったが、もっともそれだけ些細な問題ということであるが、『般若心経秘鍵』が空海の著作の中では他の著作にはない特異性を持った著述構成となっていることについて見ておきたい。

原本の『般若心経秘鍵』（『大正大蔵経』五十七巻二二〇三Ａ番）には構成区分がなされていない。しかし、注解・注釈書などでは、『般若心経秘鍵』全文の構成を「序分《じょぶん》」「正《しょう》宗分《しゅうぶん》」「流通分《るづうぶん》」に三区分している。したがって、本書においてもこの三分構成に従って考察することにする。さらに、序分については、内容に従って細分化されている。これについても、一般的な細分構成に従うことにする。

一般に経典や論書、注解書などの記述は、序分、正宗分、流通分の構成になっているのが定型のようである。その意味では、『般若心経秘鍵』は、定型に忠実な構成になっていることがわかる。それでは、何が特異かという理由は、この三分定型についてである。

簡単に説明すると、『般若心経秘鍵』では、序分は、冒頭に文殊菩薩と般若菩薩に帰依の念を表明している頌「帰敬序」、次に文章の起こりをあらわす頌「発起序」、次に著述の趣旨を述べる文「大綱序」、最後に著作の内容や目的などを概括的に述べる文「大意序」と「問答」から構成されている。

正宗分はいわゆる本文に当たる。はじめに『仏説摩訶般若波羅蜜多心経』の経題について梵字を付け、その意味を説明している。そして、『般若心経』を三摩地門（密教の教え）と規定し、釈迦如来が鷲峯山で舎利弗たちに説いていると述べている。

次に翻訳本について鳩摩羅什訳を「今の所説の本これなり」と述べて、これから解説する所説本（テキスト）としている。また、玄奘訳などと異なる語句について説明している。

そして、『般若心経』は、『大般若経』の中心の教え（心要）を説いているのではなく、大般若菩薩の大心真言（大いなる法身仏・法仏の「ことば」・心真言）を説いている密教経典であるとする。

次に、『般若心経』の経文全体を五分（五分科）し、その語句について二乗から真言密教までの教えを説いていることを論述している。

最後に、問答形式による補足として、第一の問答は、如来の秘密語である陀羅尼を説き明かすことは仏の心に背くのではという問いに、密教の機根を持っている高僧たちは説いていると答えている。

第二の問答は、顕密二教の違いはかけ離れている。顕教の経典である『心経』に密教の教えが説かれているというのはおかしいのではという問いに対して、顕密の違いを判断するのは、人の能力の差であって、経典の言葉ではないと説いている。

流通分は、二頌八句によって、『般若心経』の徳を称讃して、「煩悩に苦しんでいる人びとを文殊菩薩や般若菩薩が救われる。私自身も他の人びとも同じく無明を断じて魔軍を破せん」と記述している。このように、著書を書いた筆者の願いなどを記述するものである。

それでは、『般若心経秘鍵』の何が特異的なのかというと、先にも触れたように、空海の他の著作はこのような定型的な三分構成になっていないからである。

『般若心経秘鍵』は、題目の下に「序《しょ》を幷《あわ》せたり」とあり、著名は「遍照金剛撰」とある。

題目の下に「序を幷せたり」とある著作は、『十巻章』について言えば他に『秘蔵宝鑰』(八三〇年・天長七年)だけであり、著名は「沙門遍照金剛撰」とある。

『辨顕密二教論』上巻(八一三年・弘仁四年頃)には序分に当たる文章はある。著名は「沙門空海撰」である。これと同じ著名があるのは『梵字悉曇字母幷釈義』(八一二年・弘仁三年頃か)である。『即身成仏義』(八一八年・弘仁九年前後か)は問答から始まっているが、いわゆる序分の範疇には入らないのではないだろうか。著名はない。

『声字実相義』(八二一年・弘仁十二年前後か)は冒頭に目次のような文言と次の文章の終わりに「大意を叙すること竟《おわ》んぬ」と述べているので序分があるといえる。著名はない。『吽字義』(八二四年・天長元年頃か)は序分と言える文章はない。著名は「遍照金剛撰」で、『般若心経秘鍵』と同じである。流通分は、『般若心経秘鍵』以外の著書には見られない。なお、『十住心論』(『秘密曼荼羅十住心論』)については序分はあるが、流通分は不明、著名はない。

以上のことから、『般若心経秘鍵』のみが著述の上で定型的構成を守っている。その意味で、空海の著作の中では特異な書であると言っているのである。その理由は、推測するしかないが、年少の弟子たちに最後の指導として、宗書や注解書の記述上での定型を教えたかったのであろうか。それとも、最後だから定型を守って書き上げたのであろうか。あるいは、大般若菩薩に献げるためにそうしたのであろうか。

二　序分の二頌と大綱序

空海の視座がどこにあるかという視点から『般若心経秘鍵』を読むと、空海の思想性が序分の論述において明確に語られていることに気づく。

このことを序分冒頭の「帰敬序」から明確にするために、『般若心経』の本尊を観自在菩薩ではなく般若菩薩とし、般若の智慧門の主尊を文殊菩薩と考え、両菩薩への帰敬の念を頌によって次のように讃えている。

文殊の利剣は諸戯《しょけ》を絶つ　覚母《かくも》の梵文《ぼんもん》は調御《じょうご》の師なり
𑖠𑖱𑖾𑖦𑖽《チクマン》の真言を種子《しゅじ》とす　諸教を含蔵せる陀羅尼《だらに》なり

すなわち、文殊菩薩は、利剣を以って、さとりをさまたげる空虚な議論を断ち切り、般若菩薩は、手に梵篋《ぼんきょう》を持って、諸仏の師（仏母）であることを示されると詠《よ》んでいる。空海は、冒頭で『般若心経』の本尊が観自在菩薩ではなく般若菩薩であり、般若（智慧）の主尊が文殊菩薩であることを明確に述べているのである。

そして、般若菩薩の𑖠𑖱𑖾《チク》の種子真言と文殊菩薩の𑖦𑖽《マン》の種子真言を出して、真言がそれぞれ多様な教えを含んでいる陀羅尼であると述べている。この冒頭の種子真言と陀羅尼の語からいきなり『般若心経秘鍵』の内容をくみ取ることは無理であるが、結論的には、空海は、冒頭で本質にかかわる内容を述べているのである。

【注記】智慧にはさまざまな智慧がある。般若波羅蜜多の般若は智慧と訳し、波羅蜜多は完成と訳す。したがって、般若波羅蜜多は智慧の完成と訳している。本書では、この智慧を「般若の智慧」と呼ぶことにする。

次の「発起序」の四句の頌は、これから始める著述の起こりを示すものである。

無辺の限りのない生と死の苦しみをどのように断とうか
それはただ般若菩薩の禅那（瞑想）と文殊菩薩の正しい思惟によってのみである
般若、文殊両菩薩のさとりの境地を、仏は他のものに譲らず説きたまう
私は今それについて述べよう。み仏よ、哀悲を垂れたまえ

空海は、この頌でこれから述べること、すなわち『般若心経』が「生死の苦からの救済」を般若菩薩の三摩地の教えと文殊菩薩の智慧とによると説いていることについて讃嘆し、仏がその両菩薩のさとりの境地を述べている経文の深い意味について講述したいと述べ、両菩薩に哀悲を願っている。

要するに、この二頌八句は、『般若心経』が観自在菩薩のさとりの智慧を説いているのではなく、般若菩薩の三摩地門と文殊菩薩の思惟とによる生死の苦からの救済が説かれて

いることを讃え、このことを講述したいと言っているのである。この発起序の頌からわかることは、空海が『般若心経』の主題を三摩地門すなわち密教の智慧の実践としての「生死の苦からの救済」にあると明確に述べていることである。

次の大綱序は、『般若心経秘鍵』を説く趣旨を簡単に述べている。先ず冒頭に「夫《そ》れ仏法遙かに非ず、心中《しんぢゅう》にして即ち近し。云々」という名文がある。ところで、問題は、この名文について、空海著述を疑う諸説が多くの注解・注釈書などに見られることである。

そうすると、この問題について、真偽を明確にしておかないと、空海の独自な『般若心経』理解が困難になると思う。何故なら、空海が他人の文章をあたかも自分の文章であるかのように引用していたとしたら、たとえ序分の一部であるとしても、この序分で説いている空海の思想を的確に読み込むことができないからである。

そこで、この問題を先に決着しておきたい。問題というのは、冒頭に記す次の文章である。なお、名文であるので、読み下し文を出す。なお、この文章を含めた大綱序についての考察は、後に取り上げる。

夫《そ》れ仏法遙かに非ず、心中《しんじゅう》にして即ち近し。真如外《しんにょほか》に非ず、身を弃《す》てて、何《いずくんか》求めん。迷悟《めいご》我に在り。則ち発心《ほっしん》すれば即ち到る。明暗《みょうあん》他に非ず。則ち信修《しんじゅ》すれば忽ちに証す。

及び、

曽《かつ》て医王の薬を訪《とぶら》わずんば、何《いず》れの時にか大日の光を見ん。

問題とは、この名文について、空海の独自な著述を否定する多くの意見が見られることである。すなわち、この文章は、唐の明曠の『般若心経疏《しょ》』（『卍続藏』第二十六巻五二八番）にあることから、空海が明曠の『般若心経疏』を引用しているとする説が『望月佛教大辞典』第五巻や勝又俊教著『秘蔵宝鑰・般若心経秘鍵』（仏典講座三二）をはじめ多くの『般若心経秘鍵』を扱っている注解・注釈書などに見られることである。

これらの記述によると、『般若心経疏』にある一八四五年（弘化二年）の勢州奄藝《あんき》郡林村関翁寺住僧義満の奥書では、最澄が将来し、八一八年（弘仁九年）頃に東寺に伝え、空海がこの序を引用し『般若心経秘鍵』を製作した旨が記してあるという（村岡 空『般若心経秘鍵入門』）。

この奥書の正否を考えるために、空海と最澄の交流とこの時期の動向を簡単に見ると、次のとおりである。空海は、この八一八年（弘仁九年）の十一月に初めて高野山に登り、冬を越している。最澄の入寂は八二二年（弘仁十三年）六月四日であり、空海の東寺給預は翌八二三年（弘仁十四年）一月十九日である。また八一六年（弘仁七年）を境に両者には交流がなかったはずである。

すなわち、最澄が東寺に伝えたということであるが、この時期、空海は東寺とはまったく無関係である。東寺に入寺したときには、最澄はすでに入寂している。それに、空海は、八一三年（弘仁四年）十一月、最澄の『理趣釈経』借覧の求めを拒絶して疎遠となり、八一六年（弘仁七年）五月には泰範に替わって最澄に惜別の書簡を出している。その内容は、「法華一乗と真言一乗と優劣なし」とする最澄に対して、顕密の違いと真言の教えが勝れていることをかなり厳しく説いているものである。それに対して、最澄は、同年の『依憑天台宗』序分で「新来の真言家（空海）は筆授の相承をほろぼしている」と述べて、袂をわかっている。

このような両者の関係から考えると、最澄が八一八年（弘仁九年）頃に東寺に伝え、空海に渡ったという話は、まったく信憑性のない説であるといえる。

なお、最澄の『越州録』には『般若心経略疏』の記載がある。しかし、『越州録』に記載の明曠の『般若心経疏』が江戸時代まで世に登場しないというのはいかにも不自然というか不審である。したがって、最澄将来の『般若心経略疏』は、法藏の『般若心経略疏』の可能性がある。なお、最澄の『越州録』は経論名の記述のみで訳者名などの記載はない。もちろん、法藏の『般若心経略疏』には先の文言はない。

それに、重要なことは、東寺に伝えたとするが、時代を代表する学匠である平安後期の済暹《さいせん》、院政期の覚鑁《かくばん》、鎌倉中期の頼瑜、南北朝期の宥快などの注解書が明曠の『般若心経疏』

に全く言及していないことである。このことは、明曠の『般若心経疏』が彼らの前に存在していなかったことを示している。

これについて言えることは、何よりも空海自身が「釈家多しと雖も、未だこの幽を釣らず」(大意序)と述べていることから、空海が明曠の『般若心経疏』を参考にしたとは思えない。何故なら、『般若心経秘鍵』の視座と内容は、まったく独自な論釈である。そのような自負と思考の中で、天才の視点と視野を有し、類い稀な文章力と漢籍の知識を持った空海が序分でわざわざ他人の文章を引用するなどとは考えられないからである。

さらに、空海が著書の中で経論以外に他人の文章をそっくり引用するという事例は見られない。これらの事実から考えると、『般若心経秘鍵』大綱序冒頭の文が明曠の『般若心経疏』を参考に著述されたとする見解は、無知にして作為的としか考えられないのである。以上のことから、大綱序冒頭の文は、空海の著述以外の何ものでもないと考えている。

なお付け加えると、この問題について、村岡 空は、大覚寺の布教誌『はんにゃ』No.3及び『般若心経秘鍵入門』で次のような内容の見解を発表している。すなわち、先の名文にある「信修」という語は、『理趣釈経』をめぐる最澄宛ての書簡に出てくる空海独自の造語である。よって、「江戸時代前期、唐代の天台僧明曠に名を借りて偽作した」ものであると断定し、『般若心経秘鍵入門』の最後では「明曠述『般若心経疏』は日本天台宗に依る偽書である」と述べている。

あるいは、栂尾祥雲は、「明曠著『般若心経略疏』は、後人が大師の妙文を明曠の疏に附加したものか、もしくは明曠の疏そのものが偽書である」と述べている。(『現代語の十巻章と解説』)

なお、「仏法遙かに非ず、心中にして即ち近し、云々」の一節について、もちろん同文ではないが、同義の文は、空海の書に見られる。例えば、『十住心論』や『秘蔵宝鑰』第九住心で「近くして見難きは我が心、細にして空に遍《あまね》きは我が仏なり」「絶中の絶なるはそれ只自心の仏か」という文は、心中にある仏の見難さを述べているが、仏法と言い、仏と言っても、自心の仏という理解が根本にあるという意味で同じ視座と思想性に基づいていることがわかる。

それでは、大綱序の内容を取意してみる。

仏の教え(仏法)は、遙かかなたにあるのではない。われわれの心中にあって、まことに近いものである。真理(真如)は、われわれの外部にあるのではないから、この身を捨ててどこに真理を求めるというのか。迷いとかさとりとかは、自分自身の内部に存在するのであるから、さとりを求めようとする心をおこせば、さとりに到達できるのである。さとりの世界も迷いの世界も、自分をおいて他にあるのではない。仏の教えを信じ修行（信修）すれば、さとりの世界はたちまちに証《あか》されるのである。哀れなことよ、哀れなことよ、真実の世界を知らずに眠りこけている者よ。苦しいことよ、痛ましいことよ、迷いの世界に酔いしれている者よ。酔いに狂った人は、酔っていない人を笑い、いぎたなく眠る人は、さわやかに目覚める人を嘲《あざけ》るものだ。名医を訪ねて薬を手に入れなければ、いつまでも迷いの世界にいて、いつの日に大日如来のさとりの光明を見ることができるのであろうか。

このように述べて、心中にある真理の教え（仏法）を自らのあり方いわば存在の実相に求め、その教えを信じ実践することを説いている。しかし、「さとりを得るについて、速い遅いの違いがある。その能力（機根）は、人それぞれであって同じではないし、性格も欲望も異なっている」と述べて、次のように説く。

そこで、密教においては、金剛界（金剛頂経）と胎蔵（大日経）という二つの異なった教えを説いて、それぞれの実践の道場を用意している。人・天・声聞・縁覚・菩薩の五乗の教えは、馬の首を並べて（五乗鑣《くつばみ》を並べて）実体のない幻や影のような教えを求めて、蹄《ひづめ》を駆けてもがいている。

解毒についても毒に従ってこの薬が良いというように、迷いや苦しみの程度に応じたさまざまな薬があるものである。慈父のような仏もわれら衆生の状況に応じていろいろな方策を立てられるのである。

右の「五乗鑣《くつばみ》を並べて、云々」という言い方は、『請来目録』では「五乗鑣をわかって、器量にしたがって頓漸《とんぜん》あり」という文で使われている。すなわち、その人の器量によって頓（すみやかに覚る教え）と漸（徐々に時間をかけてさとる教え）があると述べている。そして、「頓教の中にまた顕教と密教がある」という。この理解だと五乗の頓教を顕教と密教に区分していることになる。しかし、大綱序の五乗概念は、密教と対弁されている顕教を指しており、五乗は実体のない幻影のような教えに惑わされてもがいていると説いている。したがって、五乗の理解が帰国後とまったく異なっていることがわかる。

そして、解毒と薬の関係について、仏がさまざまな苦しみに応じた薬・教えを用意しているという説明は、『秘蔵宝鑰』序論においては、「大覚の慈父、（略）種々の薬を設けて種々の迷いを指す」という言葉で示されている。その意味では、空海の基本的な考え方といえる。

三　大意序の内容と問題

空海は、大意序の冒頭で次のように述べている。『大般若波羅蜜多心経』とは、これ大般若菩薩の大心真言三摩地法門、すなわち大般若菩薩が大いなる心髄の真言を通して覚った法仏の境地を説き明かしている経典である。

空海が『般若心経』を理解した視座は、この大般若菩薩のさとりの境地すなわち三摩地の境地であったのである。

なお、帝の勅では『摩訶般若波羅蜜多経』となっているので、この経題名がこの時期の一般的と思われるが、空海の時期では『摩訶般若波羅蜜多心経』と呼ばれていたようである。しかし、ここでは、『大般若波羅蜜多心経』と摩訶を大に替えている。これは、この経典が大般若菩薩の法仏の境地を説いていることを強調するために、摩訶を大に替えたのではないだろうか。

また、空海が理解している「三摩地」の概念は、基本的には、『辨顕密二教論』上巻の最後で『金剛頂発菩提心論』(『菩提心論』)から引用している次の文にある。

真言法の中にのみ即身成仏するが故に、これ三摩地の法を説く。諸教の中において闕して書せず。(空海が)喩していはく、(略)諸教とは他受用身及び変化身等の所説の諸《もろもろ》の顕教なり。これ三摩地の法を説くとは、自性法身所説の秘密真言三摩地門これなり。(『辨顕密二教論』)

すなわち、偉大な般若菩薩の三摩地の境地とは、この秘密真言三摩地門すなわち密教のさとりの境地から生まれた智慧の世界であるというのである。そして、この智慧の世界が

『般若心経』の説く「ことば」の世界・法門に他ならならなかったのである。

それはさて置き、空海は、続けて次のように述べている。

（『般若心経』の）経文の字数は一紙にも満たず、行数は十四にすぎない。簡潔であるが要点は抑えている。言葉は少ないが意味は深い。五藏すなわち経・律・論・般若・陀羅尼の般若（智慧の教え）は、一句の内にことごとく含まれており尽きることがない。そして、華厳・三論・法相・天台・声聞・縁覚・真言密教の七宗それぞれの教えと修行による成果は、一行に余すところなくのみ込まれている。

すなわち、五藏の教えは、『般若心経』の一句にことごとく含まれており、七宗の教えと修行による成果は、一行の中にことごとく含まれているというのである。

ところで、『般若心経』の行数は、現在の経典では十七行である。古来、この行数について諸説が論じられている。しかし、空海が十四行と述べている限り、所説の経典は十四行であったと理解するしかないであろう。諸説の中には、十四行とするために、最後の真言陀羅尼「羯帝羯帝」等を除く説がある。いくら何でも、空海が『般若心経』の経文の中でもっとも注目している箇所を除くとは驚くべき説であると思う。

そこで諸説の中には見られないが、一つの推論として述べると、『般若心経』は二百六十二文字から成っている。奈良時代の経典の一行が何字で記述されていたかは問題であるが、その問題を別にして、『般若心経』の文字数を十四行で割ると、一行当たり十九文字になる。すなわち、空海所説本は、一行十九文字の経文から成っていたということになる。

次の「一句」、「一行」については、通説では、一句は「行深般若波羅蜜多」すなわち「深遠な智慧の完成を修行すること」を、一行は「三世諸仏依般若波羅蜜多故得阿耨多羅三《あのくたらさん》藐三菩提《みゃくさんぼだい》」すなわち「過去・現在・未来の三世の仏たちは、智慧の完成に依るが故に「この上なき真実なる仏のさとり（無上正等正覚）の境地に住することができたこと」を指していると理解されている。

しかし、一句と一行について、その前の文章のどこにも『般若心経』の経文からの引用がないし、当然、右の通説の語句に触れられていない。それにも拘わらず、文章を読んできて、十四行にしかすぎないという文を受けての説明でありながら、この一句と一行が先に示した通説の語句や文言であることがどうしてわかるのであろうか。

それ故に、大意序の文脈を素直に読む限り、『般若心経』の十四行のすべての一句と一行を指していると理解するのが妥当ではないかと思う。それと言うのも、例えば『吽字義』にある「千経万論と雖もこの一字を出でず」という文言と通じているからである。

もっとも、『般若心経』の五分科についての説明を読むと、一句と一行が先の通説の語句であると理解することはそれなりの妥当性を持っているのかも知れない。しかし、実際には最後まで大意序で述べた一句と一行が先の通説の語句と文言であるという説明はない。それに、次で考察するが、筆者は、大意序と正宗分が一連の作業であったのかどうかについて懐疑的に考えているからである。

それはさて置き、空海は、『般若心経』が経文の一句の内に仏教のすべての教えを含み、一行に顕密七宗の教えと成果がのみ込まれていると捉えているのである。このような理解は、もはや観自在菩薩の智慧の完成を説いているとする顕教的な『般若心経』次元の話ではない。空海は、『般若心経』の真髄を偉大な般若菩薩の大心真言三摩地法門すなわち密教の三摩地の教えである大心真言を説いているところにあると主張しているからである。

ところで、大意序の言葉は、これから本論（正宗分）として述べる『般若心経』についての内容を概説的に述べている。その意味では、次の正宗分の内容や語句と完全に重なっている文言がある。例えば、正宗分の中心である「五分科」の内、第一、第二、第五分科の内容を一言で概説している文言が見られる。ただし、厳密に言えば、第三分科の「涅槃、三仏（三世諸仏）」の語については、大意序では第一分科に相当する箇所で触れている。

しかし、だからと言って、第三分科の内容を示しているとは言えないのではないかと考えている。その理由として、次のことがいえる。一つは、確かに「涅槃」と「三仏」（三世諸仏）の語句が第一分科に相当する箇所つまり冒頭で使われているにしても、第三分科で取り上げている経文の語句であることは確かである。そして、そこ（冒頭）では、「度苦涅槃は諸々の教えによって得られる楽しみ（得楽）を示している」と述べていることから、観在薩埵（行人）の利益を述べていることも明らかである。その意味では、正宗分の第三分科が「菩提薩埵」から「三藐三菩提」までの一節に行人の得る利益を説いているとする解釈に通じているようにも思える。

なお、「度苦涅槃」は、第一分科の「度一切苦厄」と第三分科の「究竟涅槃」を併せた語句である。その意味では、第一分科でも第三分科でもどちらでもあり、どちらでもない。

しかし、第三分科の中心概念は、智慧の完成による「阿耨多羅三藐三菩提」（この上ない真実なる仏のさとりの境地）の獲得である。このような無上の智の境地を「得楽」と同義であるとするには無理があると考えている。智の次元が異なるのではないだろうか。

そして、大意序は、『般若心経』の経文の語句を説明する箇所で、最初に「観自在菩薩」を行人である「観在薩埵」と規定することから始まっている。そして、経文の趣旨を全体的に概説し、次に第二分科に充たる語句を示している。この概説の語句の中から第一分科が扱う経文の「観自在」から「度一切苦厄」までの一節に関連する語句を拾うと、「観在薩埵」のほかに「度苦」と「五蘊（皆空）」を挙げることができる。すなわち、これらの語句は、

『般若心経』冒頭の一節（第一分科）の本質を示している語句であることがわかる。

このことと、経文の趣旨を全体的に述べている内容から判断すると、結論として、この箇所は、いわば人法総通分である第一分科に該当していると理解してよいと考えている。

二つは、次に取り上げるように、利益について、大意序では第三分科で取り上げている先の経文の一節とはまったく無関係な文言や語句によって説明されていることである。つまり、大意序の利益の概念は、第三分科が扱う経文の一節とは直接の関係がないということがわかる。このことは決定的な相違であると思う。

以上の二つの理由によって、大意序では第三分科の内容を本質的かつ明瞭には示していないと考えたのである。利益の問題については、後に「第三分科」の箇所で詳しく考察することにする。

そこで、大意序の「観在薩埵は則ち」から「《ハラソウ》」の両言は顕密の法教を孕《はら》めり」までの五分科の内の三分科に相当する概説の文言や語句については、正宗分の「五分科」の箇所で併せて紹介することにする。

次に、空海は、大意序の三分科の概説の終わりで、『般若心経』の説く「一々の「ことば」（声字）の持っている意味について、果てしない時間を使って語ったとしても尽きることがない。一々の名称と実体の意味することについては、無数の仏も極めることができない」と述べて、最終的には真言陀羅尼で表象される経文の「ことば」とその深秘な字義と対応する実体とについては、無数の仏でさえも極めることができないという。

この無数の仏とは、真言陀羅尼を「ことば」としているいわゆる法身の仏ではなく、報身、応身の仏いわば顕教の仏を指しているようであるが、この仏について論じている注解・注釈書などは寡聞にして見当たらない。

次にこの三分科の概説の後に『般若心経』の利益《りやく》について、次のように簡潔に述べている。

このように『般若心経』を誦持講供すなわち読誦し、受持し、講演し、供養するならば、衆生の苦しみを救い(抜苦)、心に安らぎを与える(与楽)。この経典の教えを習い修め、思惟するならば、さとりを得て神通力を起こす(得道起通)。意味が甚だ深いと称えられるのは、誠にもっともなことである。

このように述べて、『般若心経』読誦の利益と本質が「抜苦与楽」という衆生の苦からの救済と、「得道起通」という「さとり」を得て神通力を起こすことにあることを明確に述べている。いわば、空海は、『般若心経』の利益として、衆生の救済と仏果を得るという幅広い功徳を説いているのである。

最後に、大意序で説かれている空海の『般若心経』理解、つまり『般若心経』を密教経典とする理解について、奈良仏教界例えば法相宗の学匠たちから異議の出ることを予想して、この大意序の最後の二つの「問答」の箇所で次のように述べている。第一の「問答」は、次の通りである。

（問う）ある人が問うて云うには、般若の教えは、釈迦の説法の時を第一時有教、第二時空教、第三時中道教に区分すると、第二時の空教であり、未了の教えである。どうしてすべてを顕らかに説いている第三時の中道教までを含んでいるというのか。

（答う）仏の説法は、一字に人・天・声聞・縁覚・菩薩の五乗の教えの意味を含み、一念に経・律・論の三蔵の教えを説いている。経文の一部でも一品でもあれば、どうして深い意味が含まれていないということがあろうか。

すなわち、般若の教え（『般若経』）は第二時未了の不完全な教えではないかとする質問に、空海は、そもそも仏の説法というものは、一字に五乗の教えの意味を含み、一念に三蔵の教えを説いているものであると答えている。要するに、経文の一字、一句は、法身仏の「ことば」そのものであり、奥深い字義が隠されているといっているのである。

ところで、繰り返すようであるが、先ほどの一句、一行について補足すると、右の「仏の説法は、一字に五乗の意味を含み、一念に三蔵の教えを説いている」という文言からしても、空海の本意は、やはり『般若心経』の十四行のすべての一句と一行に五蔵の般若と七宗の行果が含まれていると理解させるところにあったのではないかと思う。

次に、第二の「問答」として、それでは、「これまでの学匠たちはどうして『般若心経』の深い意味を説いてこなかったのか」という質問に次のように答えている。

諸仏や諸菩薩がすぐれた法（薬）を説くときには、相手の機根（能力）の程度に応じて説くものである。高僧の方は、説くべきか説かざるべきか、時期や相手の機根やふさわしい人で有る無しなどを考慮したのかも知れないが、説かれなかった理由はわからない。

自分はここで説こうと思っているが、この判断の良いか悪いかは、仏陀にお任せしたい。

この二つの「問答」の要旨を簡単に示すと、前の問答は、『般若心経』は、第二時未了の不完全な空の教えではなく、深秘な意味を隠している密教の教えを説いている経典であり、一字に五乗の、一念に三蔵の教えを含んでいる密教（法身仏）の奥深い説法を示していることを述べている。

後の問答は、諸仏諸菩薩の説法は相手の機根に応じて深浅・顕密の多様な教えを説いているものである。高僧の方は、相手の機根や人柄を見て説くべきか説かざるべきかを考えられたのであろうが、説かれなかった理由はわからない。しかし、私は説くつもりであると述べている。

四　「童を教える次いでに」とは

ところで、この二つの「問答」の前に、『般若心経秘鍵』を著述した趣旨について述べている文章がある。

私は童（年少の弟子）を教える次いでに、『般若心経』の要点を取り出し、その経文を五分に別けて解釈したい。この経典に注釈を付けた人はこれまで多数にのぼるが、未だかつて私のようにこの経典の幽玄な意味を読み取った人はいない。『般若心経』のいくつかの翻訳本の同異について、あるいは顕教の経典か、密教の経典かという違いについては後で述べることにする。

このように述べて、空海は、余人の考えの及ばない次元の独自な『般若心経』解釈を展開したい旨を宣言している。その具体的で独自な解釈とは、いわゆる正宗分の「五分科」として展開している経文解釈である。その意味で、五分科の内容は、『般若心経秘鍵』の本質的特徴はもちろん、空海の真言密教の本質をも示しているといえる。

ここで、「童を教える次いでに」と述べていることについて、若干の『般若心経秘鍵』注解・注釈関係の書籍に眼を通したが、「童を教える次いでに」の文言を取り上げて問題にしている書籍は、ほとんど見かけなかった。

しかし、空海の文脈は、「童を教える次いでに」五分科に別けて『般若心経』解釈をしたいと述べている以上、注解・注釈書などが「年少の弟子たちに教えることを目的に『般若心経秘鍵』を著述した」程度で終わっていることに釈然としない思いが残る。要するに、何故「童」なのか、「弟子」一般ではだめなのか、そして「次いでに」とは、何事の「次いでに」なのか。この二つの疑問が解けないからである。

そこで、このことについて二つの私見を述べてみたい。

一つは、「童《どう》」を文字通り「わらべ」つまり十歳から十五歳程度の年少者と読むのが常識だと思うが、研究者の中には子供ではなく弟子ないし求法者を意味していると捉えている人もいる。しかし、それだったら、空海が何故特に「童を教える次いでに」と記述したのか、意味のないことになる。やはりここでは、具体的に年少の弟子を指していると思う。その理由について、筆者は次のように推測している。

空海の志向は、年少の弟子たちに『般若心経』の真髄を教えることにあったと思う。そのために、空海は、二つの作業を加えているのである。一つは、最初の経題と最後の真言をわざわざ梵字悉曇であらわしていることである。このことは、単に『般若心経』の密教的解釈を説くというだけでなく、年少の弟子たちにいわば初歩的で基本的な梵字真言について、その重要性を認識させるという狙いもあったのではないだろうか。

この推論について説明すると、実は、空海は、都長安に入って後、醴泉寺《れいせんじ》の般若三蔵から梵字悉曇の教えを受けたようである（高木訷元『空海　生涯とその周辺』）。そして、般若三蔵のもとでの修学後に、青龍寺《しょうりゅうじ》の恵果阿闍梨《けいかあじゃり》を訪ねている。その結果、師の恵果阿闍梨から「相待つこと久し。（略）速やかに香花を辨じて灌頂壇に入るべし」と指示されている。『請来目録』によると、空海は、諸灌頂のために恵果阿闍梨からも梵字の指導を受けている。もちろん、この伝授と学習は、種々の受法のために必要な過程であったのは当然である。

恵果阿闍梨の「速やかに灌頂壇に入るべし」という指示は、おそらく空海の梵字悉曇の修得の程度を評価した故ではないかと思われる。密教伝授の学習と実修と灌頂の過程を考えると、空海は、梵字の学習の後に密教の伝授と実修と灌頂という順序が正しいあり方であると理解していたことがわかる。すなわち、空海は、密教の実修の前提として梵字悉曇の学習と取得を当然のこととして考えていたのではないだろうか。

このことを推測させるものとして、八一二年（弘仁三年）十一月、十二月の最澄等への灌頂の後、円澄（後の天台座主）が書状（『円澄和上受法啓状』）で「梵字真言の受学が難しかった」旨を記述している。考えてみれば当然であって、諸「次第」にある梵字真言が読めなくては密教の実修や学習は不可能である。それができないままに灌頂を受けた最澄たちはよほど驚いたことは確かである。伝法灌頂を望んだ最澄が、空海から三年先だと言われたのは無理もないことである（注、筆者は、受法の弟子たちのために、梵字悉曇のテキストとして、この頃に『梵字悉曇字母釈弁義』を執筆した可能性を考えている）。

すなわち、空海は、年齢にして十歳前後から十五歳程度までの年少の弟子たちの基礎教育として、何よりも梵字真言の学習を課したのではないだろうか。『般若心経秘鍵』が『般若心経』の経題と最後の真言・陀羅尼を梵字で示しているのは、その一環ではなかったかと推測する。

参考のために、空海に師事した時の年少の弟子たちでわかるものを挙げると、真紹十歳、真雅九歳、真然九歳などである。

二つは、経文を五分科に別けることによって、それぞれの分科の特性や特徴を具体的に把握させることを狙ったと思う。その上で経文の一字一句を解釈することによって、経文の要点をより明確化することができたのではないだろうか。これについては、正宗分の箇所で見聞することになる。

ところで、「童を教える次いでに」の意味をどのように理解したらよいのであろうか。読みようでは、例えばこの文章は、何事かについて「年少の弟子たちを教える次いでに、これまでの学匠たちでは考えることもできない『般若心経』の経文解読あるいは解釈を特に年少の弟子たちが理解できるように、五分科として説明したい」という意味に取れる(注、この「何事か」について、空海が「教える」と述べているところから、筆者は、梵字悉曇や十住心、三摩地門などの密教要説についての基礎知識を与えるための学習ではなかったかと推測している)。

あるいは、年長の弟子たちであれば、詳しく論じ解釈している五分科は必要ないとでもいうかのようである。そうであるならば、年少の弟子たちに特別の教育を与えようという師の意志を読み取ることができる。

あるいは、正宗分として理解されている五分科の箇所が何事かについて年少の弟子たちを教える「次いでに」著述されたとしたら、序分に相当する箇所は、すでに著述されていたと推測するしかない。五分科の後で著述されたというのは、構成的に考えにくいからである。そうすると、講義メモのような原初の『般若心経秘鍵』が空海の手元にあって、その構成には、五分科の箇所がなかったことになる。

しかし、なくても、その『般若心経秘鍵』は、一つの一貫した内容と思想性を有していることは明らかである。すなわち、「大般若波羅蜜多心経と者《いつぱ》」で始まる大意序と呼んでいる箇所において、実際は三分科であるが五分科の要旨は述べられているために、基本的には内容自体に大きな変化はない。

すなわち、大意序のこの箇所は、先ず『般若心経』の特徴を述べ、次に『般若心経』の経文のそれぞれの語句について密教の包括的な視点から独自な解釈を行っている。内容的には、いわゆる正宗分の五分科の内容を三分科ではあるが概略しているものである。ただし、正宗分では当然この概略よりも遙かにわかりやすく丁寧に述べられている。そして、次に『般若心経』読誦の利益が述べられている。しかし、その説明は、正宗分の第三行人得益分とはまったく異なった文言となっているが、『般若心経』の利益を述べている点では第三行人得益分に対応しているともいえる。

『般若心経秘鍵』の序分は、要するに、帰敬序や大綱序があって、次に大意序と一般に呼んでいる箇所で『般若心経』の特徴を述べ、そして経文と真言が三分科に分けて解釈され、次に『般若心経』読誦の利益と問答が述べられている構成になっている。『般若心経秘鍵』の内容としては、これで終わっても問題はないと思う。

この仮説に多少の合理性があるとしたら、次のような推測が可能なのではないだろうか。すなわち、最初に著述されたと思える講義録というよりも実際にはメモ程度の分量であるが、その講義メモ『般若心経秘鍵』が存在していて、この講義メモは、年長の弟子たちや聴衆に対する講義のために執筆されていたことが考えられるということである。

もっとも記録的には何の資料もないし、その意味では、無学者の推測ではあるが、まったく根拠がないということではないと考えている。なお、この推測については、第三章においても触れることになる。

それと、この講義メモの存在を推測した理由の一つは、大意序が「大般若波羅蜜多心経と者」で、正宗分が冒頭の「仏説摩訶般若波羅蜜多心経と者」で始まり、次の文言でも「仏説摩訶般若波羅蜜多心経と者」で始まっている。要するに「(仏説) 摩訶般若波羅蜜多心経と者」で始まる文章が短い間隔で三箇所あることに違和感を覚えたことである。空海の他の著作にはこのような繰り返しは見られないからである。

もちろん、大意序では帝の勅にあるところからすると、おそらく当時一般的と推測できる『摩訶般若波羅蜜多心経』を『大般若波羅蜜多心経』に替えているが、正宗分では、空海が所説本とした鳩摩羅什訳本の『仏説摩訶般若波羅蜜多心経』の経題名を使用しているという違いはある。

この違いについて言えば、正宗分が『仏説摩訶般若波羅蜜多心経』といわば空海にとって正式の経題で始まっていることは、これまでの序分とは明らかに異なる空海の意識を感じる。まるであらためて『般若心経秘鍵』を著述するような気概が伝わってくるからである。

このことも、先ほどの講義メモとしての『般若心経秘鍵』の存在を考えさせた要因である。

第三章　正宗分の構成と内容

一　『般若心経』の経題と教主

空海は、『仏説摩訶般若波羅蜜多心経《ぶっせつまかはんにゃはらみったしんぎょう》』の経題《だだい》について、この十二字の経題には梵字と漢字が混じり合っているという。そして、説・心・経の三字は漢字であり、残りの九字は梵音の宛字である。この経題を梵字であらわせば、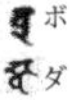《ボダ》（仏）《ハシヤ》（説）《マカ》（大、多、勝）《ハラジャ》（般若、智慧）《ハラミタ》（完成）《カリダ》（フリダヤ、心臓、心真言）《ソタラン》（経）となる。

経題の全体的な意味としては、この梵字のすべてが「人」と「法」と「喩《たと》え」を具《そな》えていると述べて、「大般若波羅蜜多菩薩（人）が一字一字の文字（法）で智慧を象徴する法曼荼羅（種子曼荼羅）によって真言のさとりの境界（大心真言三摩地法門）を具足し、深秘な真理の意味を世間の文字（喩え）であらわしている」と述べている。

この経題の説明（いわば開題）から、真言・陀羅尼に焦点を当てて『般若心経』の有している密教的な実義を読み解こうとしている空海の意図をうかがうことができる。

次に、空海は『般若心経』を説いている教主について、次のように述べている。

この三摩地門すなわち大般若波羅蜜多菩薩のさとりの教え（『般若心経』）は、仏が霊鷲山《りようじゆせん》において舎利弗たちのために説かれたものである。

すなわち、教主である釈迦仏は、密教のさとりの境界、三摩地門を説いている存在であると捉えているのである。それでは、いかなる仏身なのであろうか。これについて少しばかり考察してみたい。

空海は、『秘蔵宝鑰』第十住心で「真言密教は法身の説」と説いている。そうすると、この釈迦仏の説法は、当然、密教を説く法身説法でなければならない。その法身説法の概念について、空海は次のように述べている。

> 真言密教の（胎蔵と金剛界の）両部の秘密蔵は、法身大毘盧遮那如来（大日如来）と自眷属の四種法身と、金剛法界宮および真言宮殿等に住して自受法楽《じじゅほうらく》の故に、演説したまうところなり。（『秘蔵宝鑰』第十住心）

すなわち、法身説法とは、法身大日如来が自眷属の四種法身（自性《じしょう》法身・自他の受用《じゅゆう》法身・変化《へんげ》法身・等流《とうる》法身すなわち三界六道随類の身）と共に胎・金の宮殿《くうでん》に住して、互いに真理の楽しみを説き合い享受し合っているという自受法楽の形で説法しているあり方であると述べているのである。

そうすると、『般若心経』の場面で言えば、変化法身釈迦如来が自眷属の等流法身舎利弗たちと大般若菩薩のさとりの境界に住して、互いに説き合い享受し合っているということになる。この説法形式は、明らかに釈迦仏が舎利弗たちに向かって一方向に教えを説いているいわゆる対機説法ではない。

要するに、この場面の法身説法は、変化法身釈迦如来と等流法身舎利弗たち（われわれも）とが大般若菩薩の大心真言三摩地の境界に住して（入我我入して）、互いに説き合い享受し合っている場面なのである。それ故に、舎利弗たちは（われわれも）、大般若菩薩のさとりの境地とその境地から出生する文殊菩薩の智慧を楽しみ享受することができるということになる。

二　翻訳本と空海所説の『般若心経』本

空海は、『般若心経秘鍵』で採用している『般若心経』本について、次の五本の翻訳本を挙げている。

第一に、羅什三蔵の訳がある。今私が解説しようとしている本（所説本）がこれである。次に、唐の遍覚（玄奘）三蔵の翻訳があるが、経題に「仏説摩訶」の四文字がない。五蘊の下に「等」の字が加えてある。遠離の下の「一切」の字が除かれている。陀羅尼の後に功能《くのう》文がない。次に大周の義浄三蔵の翻訳には、経題に摩訶の字を省略し、真言の後に功能文を加えている（本文は玄奘訳と同じ）。また、法月、般若両三蔵の翻訳には序分と流通が付いている。また、『陀羅尼集経《だらにじっきょう》』の第三巻にこの真言法を説いている。経題は、鳩摩羅什のものと同じである。

空海は、所説本として鳩摩羅什訳の『般若心経』を挙げているが、『大正大蔵経』八巻（二五〇番）に掲載の鳩摩羅什訳の『摩訶般若波羅蜜大明呪経』は、所説本とは明らかに多少の相違点がある。

そこで、空海の所説本を再現するために、玄奘三蔵本（『大正大蔵経』八巻、二五一番）についての説明で指摘している箇所を修正することにする。すなわち、経題に「仏説摩訶」の四文字を加え、「五蘊等皆空度一切」の箇所で五蘊の下の「等」の字を除き、「遠離顛倒夢想」の箇所で遠離の下に「一切」の字を加える修正である。この『仏説摩訶般若波羅蜜多心経』の経文を空海の所説本とする。

なお、功能文については、義浄三蔵の『般若心経』には最後に付いているが、空海所説本ではどうだったのであろうか。『般若心経』には正宗分（本文）だけの小本系と、それに序分と流通分が付いている大本系とがある。義浄三蔵訳の『般若心経』は小本系であるが、功能文が付いている。

これについて、空海は、玄奘三蔵本（小本系）にはないと言い、義浄三蔵本には加えていると言う。功能文を加えてよいのか、加えなくてよいのか、判断に迷うが、なしというのと除くというのでは、多少の違いがある。つまり、なしという言い方は、あったのに除いたという言い方とは明らかに異なる。羅什本（小本系）ではないので、玄奘本でもなしと言ったのではないかと思う。それで、義浄本ではないのに加えているという言い方をしているのではないだろうか。このように推測するならば、羅什本には功能文が付いていなかったといえる。

『陀羅尼集経』第三巻（『大正大蔵経』十八巻、九〇一番）の真言法というのは、第三巻に「般若波羅蜜多大心経」の経題のもとに、般若波羅蜜多に関する印契や陀羅尼などが収められている。その中で説かれる陀羅尼の一つに「般若大心陀羅尼第十六呪に曰く」として、「羯帝羯帝、波羅羯帝、波羅僧羯帝、菩提莎訶《ぼうじそわか》」の偈が説かれている。

三　般若心について

次に、空海は、『般若心経』の「般若心」の意味について、簡潔に次のように説明している。

般若心というのは、般若菩薩に身陀羅尼と心陀羅尼があるが、この『般若心経』の「羯帝《ぎやてい》、羯帝《ぎやてい》など」の真言は、大心呪《だいしんじゅ》（大心真言）すなわち大いなる心髄を意味している「ことば」である。この心髄である大心真言（フリダヤ）の故に、般若心という経題が付けられているのである。

ある人がいうには、『般若心経』は『大般若経』の心要（中心的な教え）を簡潔にまとめているが故に心と呼んでいるのである。『般若心経』は『大般若経』と別の場で説かれた経典ではない、と。

（答えるならば）龍に蛇のうろこが付いているようなもので、だからと言って蛇であるとは言えない。龍は龍である。それと同じで、密教経典に『般若経』の片鱗《へんりん》が見られるからといって顕教の経典であるとはいえない。

すなわち、空海は、般若心の「心」が心要や中心の意味をあらわしている語（こころ、チッタ）ではなく、心髄を意味する語（心臓、フリダヤ）であると理解しているのである。一般的な理解は、『般若心経』は『大般若経』の要点をまとめたという意味の心要、中心の教えを説いている経典であると理解しているが、空海は、そうではなく密教の心髄つまり大心真言を説いている経典であると主張しているのである。

大いなる心真言（フリダヤ）とは、四種法身がそれぞれの法身仏（諸仏諸菩薩等）の三摩地法門（境界）に住し、三密瑜伽（入我我入）の場において自受法楽し、その智慧あるいは教えを覚ったとき、空海が『声字実相義』で「真言とは声なり。声はすなわち語密なり」と述べているように、そのさとりの智慧の心髄を諸仏諸菩薩の語密として表出した「ことば」（声字実相）が心真言に他ならないのである。

　このあり方は、先ほど教主の箇所で説明したが、重ねて言えば、変化法身の釈迦仏が等流法身の舎利弗たちと大般若菩薩の三摩地の境界に住して、入我我入（自受法楽）し、文殊菩薩の智慧を覚ったとき、そのさとりの智慧の心髄（フリダヤ）を心真言《マン》として心《むね》より流出《るしゅつ》するあり方である。

　さらに付け加えると、空海は、『大日経開題』「衆生狂迷」などで梵語マントラの訳について、旧訳で呪と訳しているが、それは間違いであると述べている。つまり、真言は、呪の語義に含まれている神秘的な力・呪力や「のろい」などを意味するのではなく、『声字実相義』で「真実の意味を知ることができる「ことば」を真言と名づく」と述べているように、存在の真理実相をあらわしている法仏の「ことば」であると理解しているのである。

　そして、『十住心論』第十住心で「真言とは語密であり、その意味の秘密語である。梵語では曼荼羅であり、その曼荼羅を法（種子真言）曼荼羅によって明らかにする」と述べている。この意味は、真言（マントラ）は法仏の語密であり、曼荼羅（マンダラ）であると述べているのである。この空海の真言概念は、真言を大心真言すなわち大いなる仏智の心髄をあらわしている法仏の「ことば」であり、法仏の語密すなわち法曼荼羅であると理解しない限り、伝わらないものである。

四　五分科について

空海は、「この経に総じて五分あり」と述べて、その五分を次のように説明している。

第一に人法総通分《にんぽうそうつうぶん》、観自在と云うより度一切苦厄に至るまで是なり。

第二に分別諸乗分《ふんべつしょじょうぶん》、色不異空と云うより無所得故に至るまで是なり。

第三に行人得益分《ぎょうにんとくやくぶん》、菩提薩埵と云うより三藐三菩提に至るまで是なり。

第四に総帰持明分《そうきじみょうぶん》、故知般若と云うより真実不虚に至るまで是なり。

第五に秘蔵真言分《ひぞうしんごんぶん》、𑖐𑖝𑖸𑖐𑖝𑖸《ギャテイギャテイ》と云うより𑖭𑖿𑖪𑖯𑖮𑖯《ソハカ》に至るまで是なり。

『般若心経』の経文全体をこの五つに分類している分科目全体を「五分科」と呼ぶのが定説のようである。筆者もこれに従う。

空海が五分科で行っている作業は、『般若心経』全文の密教的解釈である。その中心的な解釈は、第二の分別諸乗分に該当する経文の解釈にあると理解している。具体的には声聞・縁覚の二乗、三論、法相、天台、華厳の六宗の教義を読み解き、解釈すること、そして真言宗を含むすべての教え（七宗の教え）が最後の陀羅尼に帰することを明らかにするところにある。

そこで、この空海の作業をより全体的に見るために、且《か》つ『般若心経』と『般若心経秘鍵』との関連性がわかるようにするために、本論の記述の方法を工夫してみた。

最初に、各分科の冒頭に筆者の概説を簡単に述べる。そして、『般若心経』の原文①を『般若心経秘鍵』の説明に従って行あるいは文言、語句に区切って示し、次に読み下し文②を示し、次にその現代語訳③を示す。次に『般若心経秘鍵』【大意序】の該当箇所の解釈の文言④を示し、現代語訳⑤と筆者の説明⑥を付ける。最後に『般若心経秘鍵』正宗分【五分科】の該当する箇所を読み下し文⑦で示し、その現代語訳⑧を付け、筆者の注釈等⑨を記すことにする。

なお、『般若心経秘鍵』の読み下し文を付けたことについては、空海の原文の語句を知ってもらうためと、口に出して読むとき、空海の文章の持つリズム感を味わってほしいためである。

第一 人法総通分

ここでは、『般若心経』の冒頭の語句について、般若を行ずる人と般若の法について覚りに至る視点から全体的に述べている。

① 『般若心経』

観自在菩薩《かんじざいぼさつ》 行深般若波羅蜜多時《ぎょうじんはんにゃはらみたじ》、照見五蘊皆空《しょうけんごうんかいくう》、度一切苦厄《どいっさいくやく》。

②観自在菩薩は、深般若波羅蜜多を行ぜし時、五蘊は皆空なりと照見して、一切の苦厄を度したまえり。

③観自在菩薩が深遠な智慧の完成を修行していたときに、存在するもの（色）に存する五つの構成要素（五蘊・色受想行識）がその本性において実体のないもの（空）であることを見抜き、すべての苦しみとわざわいから救われた（度一切苦厄）。

④『般若心経秘鍵』【大意序】

観在薩埵は則ち諸乗の行人を挙げ、度苦涅槃は則ち諸教の得楽を褰《かか》ぐ。五蘊は横《おう》に迷境を指し、三仏は竪《しゅ》に悟心を示す。

⑤観在薩埵は諸々の教えの行人（修行者）を意味し、「度一切苦厄」から「究竟涅槃」（第三行人得益分の箇所）までの文は、諸々の教えによって得られる楽しみ（行果）を示している。五蘊は、この肉体と精神が仮の集まりであって、実体は空であり、この世界が迷いの境界であることを指し示しており、三世諸仏は、過去、現在、未来の三世の仏の時間的なさとりの心を示している。

⑥空海は、観自在菩薩が『般若心経』の主尊ではないという解釈を取る以上、この観自在菩薩の存在を一般的な修行者に読み替える必要があると判断したのである。そのために、

観在薩埵という一般的なさとりを求める行人（菩提薩埵）に名称を変えたのである。

⑦『般若心経秘鍵』【五分科】

空海は、『般若心経』冒頭の「観自在菩薩」以下の語句について、般若波羅蜜を修する観自在すなわち修行者である「行人」が修行を積んで「さとり」に至る段階を示していると捉え、その段階を「因、行、証、入の四つの転移（四転）と修行の時（時間）」の五種に分けて説明している。

第一の人法総通分に五つあり、因行証入時是れなり。観自在といっぱ、能行の人《にん》、即ち此の人は本覚の菩提（さとり）を因と為す。深般若は能所観の法、即ち是れ行なり。照空は則ち能証の智、度苦は則ち所得の果、果は即ち入なり。彼の教に依って人の智無量なり。智の差別に依って時亦多し。三生《さんしょう》三劫《さんごう》百六十妄執《もうじゅう》の差別《しゃべつ》是れを時と名づく。頌に曰く。

観人《かんにん》智慧を修《しゅ》して、深く五衆の空を照らす。
歴劫修念《りゃくこうしゅねん》の者は、煩を離れて一心に通ず。

⑧第一の人と法とを全体を通じて説き示す文言に五つのことが説かれている。さとりを求める原因、さとりを求める修行、さとりを証すること、涅槃に入ること、修行に要する時間の五つである。

観自在という能行の人は、本覚の（本来具えている）菩提を因とする。深般若とは、観法の対象としての般若の智慧という法（客体）であると同時に、法を観法する人の行（主体）をも意味する（主客一体であるから深般若という）。空を照するとは、この世界を構成している五蘊（色受想行識）が空であると見る智慧によって覚ることであるが故に証である。度苦とは、一切の苦厄に満ちたこの世から苦のない彼岸に達することであり、果として涅槃に入ることであるが故に入である。その果に入る時間は人の機根と智慧によって異なるが、その経過が時である。三生（華厳）とか、三劫（三論、法相）とか、六十劫（声聞）とか、百劫（縁覚）とか、長い修行時間がさまざまに説かれるが、これを時と名づけるのである。頌にいわく、

観人（行人）は智慧を完成する行を修して、
五蘊の本性（本質）が空であることを覚った。
永劫の時を修行している者たちも、
煩悩から離脱して般若菩薩の一心（法仏の心）に通じる境地に到達する。

⑨すなわち、空海は、行人が修行によってさとりの境地に至る段階を因・行・証・入と時によって説明している。そこで、この点について少し考察してみたい。

空海は、この章冒頭の経題の全体的な意味を述べていた箇所で、大般若波羅密多菩薩と

いう人（因）が経文の文字という法（行）によって大心真言三摩地法門というさとり（証）の境地を具足する（入）と述べていた。この因・法（行）・証・入のさとりの境地への転移構造は、ここで説明されている因・行・証・入の四転構造とまったく同じである。

この構造から解釈すると次のような転移が見えてくる。すなわち、観自在という行人は、本覚の菩提心（因）によって大般若菩薩の三摩地法門の境界に住し、三摩地の法すなわち三密瑜伽行（行）の場において大般若菩薩と共に自受法楽し、さとりの智慧を獲得し（証）、法仏の心（一心）に通じる境地に到達する（入）ことができるというあり方である（注、本覚の菩提を因とする以下を『釈摩訶衍論』から読み取ると、さとりの智慧によって涅槃に入る覚は始覚ということになる）。

この四転の視座から考察すると、観自在の「法を観法する」行法とは、大般若菩薩の三摩地法門に「住するあり方」つまり三密瑜伽行なり入我我入なりを意味していると理解してよいのではないかと思う。

なお参考までに、『般若理趣経』では、菩薩等がこの一心に通じる境地に到達したとき、最後の語句、例えば初段では「説大楽金剛不空三摩耶心《せつたいらきんこうふこうさんまやしん》」の後に「《ウーン》」という金剛薩埵の心真言が発せられている。『般若心経』では、この心真言は、最後の真言陀羅尼として説かれていると考えることができる。

ところで、この箇所の一部の語句の読みについて、疑問に思うことがある。すなわち、いずれの注解・注釈書も「観自在」と「観人」を観自在菩薩と読んでいる。観自在とあれば観自在菩薩以外にないという意味で正解だとは思うが、空海は、大意序では観自在菩薩を諸乗の行人と規定するために観在薩埵という新しい語で言い換えていた。ところが、ここで行人を観自在菩薩と規定すると、観在薩埵という新しい概念との整合性が疑われるのではないだろうか。一貫性からすれば、この五分科においても、論理的にも思想的にも観在薩埵で通すべきではなかったのかという疑問が起こる。人法総通分という全体的視点から述べている箇所であるだけに、余計にそのように思うのである。しかし、五分科では、観在薩埵の語はまったく使われない。

それ故に、空海が観在薩埵の語ではなく、観自在あるいは観人と記述しているのであれば、当然のように観自在菩薩と読み直すのではなく、意味的にはあくまでも行人あるいは修行者一般を指している以上、観自在や観人のままにすべきではないだろうか。空海には『般若心経』の主尊を示す観自在菩薩とは書けなかったのだと思うからである。

もっとも、第二章で考察したように、正宗分は、大意序までの記述に「童を教える次いでに」新たに著述され、すでに著述されていた講義メモに付け加えられたとしたならば、それなりに了解できる。つまり、年少の弟子の教育上、観自在と記述する方が理解しやすいと判断したのではないだろうか。観在薩埵や観在では年少の弟子には通じないものを感じたのかも知れない。それとも、大意序で観在薩埵という新しい概念を登場させたことを無視したかである。もっとも、観自在と記述しても、能行の人や観人とあるように、ここでの意味は大意序の観在薩埵の意味する行人概念であることにおいては一貫している。

なお、第二分別諸乗分の「(五) 観自在菩薩の教え」を述べている箇所は、当然、観自在菩薩である。

第二分別諸乗分

空海は、この冒頭で「第二の分別諸乗分にまた五あり。建《こん》・絶《ぜつ》・相《そう》・二《に》・一《いち》是れなり」と述べて、顕教の行人の所依《しょえ》（よるところ）である教えを五種に区別し、それら諸乗の教えの要点を解釈している。

（一）建立《こんりゅう》如来の三摩地門（華厳宗）

①『般若心経』

舎利子《しゃりし》、色不異空《しきふいくう》、空不異色《くうふいしき》、色即是空《しきそくぜくう》、空即是色《くうそくぜしき》、受想行識《じゅうそうぎょうしき》、亦復如是《やくぶにょぜ》。

②舎利子よ、色は空に異ならず、空は色に異ならず。色は即ちこれ空、空は即ちこれ色なり。受想行識も亦またかくの如し。

③舎利子よ、この世においては、物質的現象（色）には実体がない（空）。実体がない（空）からこそ物質的現象（色）であり得る。物質的現象（色）は実体がない（空）ことを離れて存在しているのではない。実体がない（空）ことが物質的現象（色）の存在性である。同様に感覚（受）も、表象（想）も、意志（行）も、知識（識）も、すべて実体がない。

④『般若心経秘鍵』【大意序】

色空と言えば、則ち普賢頤《おとがい》を円融の義に解き、

⑤「色不異空、空不異色」と言えば、普賢菩薩がすべてのものが互いに融け合って一つになっている円融の心境に住して、相好を崩してにっこりと微笑《ほほえ》まれる。

⑥空海は、「色不異空、空不異色」などの語句が普賢菩薩のさとりの智慧である事理、理理、事事の三法無碍円融を説いており、華厳宗(第九住心)の教えを示していると理解している。

⑦『般若心経秘鍵』【五分科】

初《はじめ》に建《こん》と者《いっぱ》、いわゆる建立如来の三摩地門これなり。色不異空と云うより亦復如是に至るまでこれなり。建立如来といっぱ、即ち普賢菩薩の秘号なり。普賢の円因は円融の三法を以って宗とす。故《かるがゆえ》に以《もっ》て之れに名づく。又、是れ一切如来の菩提心行願の身なり。頌に曰く。

色空本より不二なり、事理元より来《こ》のかた同なり。

無碍に三種を融ず。金水《こんすい》の喩え其の宗なり。

⑧初めに「建」というのは、いわゆる建立如来のさとりの教えがこれである。「色不異空」から「亦復如是」に至る文言がこれに該当する。建立如来というのは、普賢菩薩を密教の立場から呼ぶ名称である。普賢菩薩は、大日如来の円かな（完全な）さとりの境地（果位）へ至る因位の菩薩であり、事理無碍、理理無碍、事事無碍の三法が互いに円かに融合し、無碍であると説くことを主旨としている。この三法円融を建立するが故に、建立如来と名づく。また、普賢菩薩は、すべての如来が菩提心に基づき自利利他の実践行の願を起こした身に他ならない。頌にいわく、

色と言い空と言っても本より不二であり
事と言い理と言っても本来は「一」である
事と理のみならず、理と理、事と事の三種は無碍円融している
この無碍円融の教えは、金獅子の喩えや水波の喩えで説き明かされている

⑨空海は、『般若心経』の原文が「色（物質的現象）も受（感覚）も想（表象）も行（意志）も識（知識）もすべて実体がない。すなわち一切が空である」ことを説いているのに対して、まったく異なった視座から「色不異空、空不異色、色即是空、空即是色」の語句を読み込んでいるのである。

すなわち、空海は、先ず色を事の概念とし、空を理の概念と捉え、次に不異や即の語義を本より不二あるいは無碍円融の意味を明らかにしている語句であると解釈しているのである。

そして、「色空本より不二」を色と空とに分け、色と空の組み合わせを色と空（事理）、空と空（理理）、色と色（事事）の三種と捉えているのである。これによって、「色不異空」等の語句に華厳宗の三法無碍円融の教えが明確に示されていることが証《あか》されたのである。この解釈を可能とした視座と着想こそがまさに空海の密教であり特性であったといえる。

【注記】金獅子の喩えとは、黄金で作った金獅子について、黄金（理）と獅子（事）が無碍円融しているという喩えである。水波についても、水を理に波を事に喩えて、理（水）と事（波）の無碍円融を説く喩えである。

（二）無戯論如来の三摩地門（三論宗）

①『般若心経』
舎利子《しゃりし》、是諸法空相《ぜしょほうくうそう》、不生不滅《ふしょうふめつ》、不垢不浄《ふくふじょう》、不増不減《ふぞうふげん》、

②舎利子よ、この諸法は空相にして、生ぜず、滅せず、垢《あか》つかず、浄《きよ》からず、増えず、減らず、

③舎利子よ、この世においては、すべての存在するものには実体がないという特性がある。それ故に、生じたということもなく、滅したということもなく、汚れたものでもなく、浄

らかなものでもなく、増えることもなく、減ることもない、

④『般若心経秘鍵』【大意序】

不生と談ずれば、則ち文殊顔《かんばせ》を絶戯の観に破る。

⑤現象しているこの世界にいかなる実体もない故に、仏が不生不滅などと談じられると、文殊菩薩は無益で極端な議論に執着する戯論をその利剣で打破し、破顔微笑される。

⑥空海は、この語句は、空相を覚り不生不滅等八不によって戯論を否定している三論宗（第七住心）の教えを示しているとする。

⑦『般若心経秘鍵』【五分科】

二《ふた》つに絶と者、いわゆる無戯論如来の三摩地門、是れなり。是諸法空相と云うより不増不減に至るまで是れなり。無戯論如来と言うは、即ち文殊菩薩の密号なり。文殊の利剣は、能く八不《はっぷ》を揮って彼の妄執の心を絶つ。是の故に以って名づく。頌に曰く。

八不に諸戯を絶つ。文殊は是れ彼の人なり。
独空畢竟《くきょう》の理、義用《ぎゆう》最も幽真なり。

⑧第二に「絶」というのは、いわゆる無戯論如来のさとりの教えを指している。「是諸法空相」から「不増不減」に至るまでの文言がこれに該当する。無戯論如来とは、文殊菩薩の密教における呼び名である。文殊菩薩の利剣は、八種の極端に偏った執着心を絶ち切る。それ

故に、「絶」と名づける。頌にいわく、

　八種の極端で無益な戯論《けろん》を八不の剣で絶つ
　この教えを人で表すと文殊菩薩である
　相対も絶対も超越し言語を絶した独空を究極の真実（理）とする
　その理から生ずるあるべき智慧の働きは幽玄で真実である

⑨空海は、先の解釈と比べると、ここでは三論宗の空観を特に問題もなく解説しているといえる。その意味では、この解説に附加して説明することもない。そこで、ここでは直接触れていない三論宗の核心である八不中道について補足しておきたい。

八不とは、不生、不滅、不常、不断、不一、不異、不来、不出の八つの否定をいう。これは、龍樹の『中論』の冒頭に説かれており、三論宗では究極の真理のあり方を説いているとしている。

すなわち、縁起は「不生にして不滅、不常にして不断、不一にして不異、不来にして不出、能くこの因縁を説き、善く諸《もろもろ》の戯論を滅す」という言葉は、八不が縁起の理（いわば真理であり方程式）として説かれており、縁起するあらゆるもの、つまりこの現象世界の一切の存在に自性がないこと、すなわち一切の法（存在するもの）が空であることを説いている。

そして、この空性を観ること（空観）によって、極端な見解に執着する戯論を滅する中道の正観（八不の正観）を得ることができるという。八不中道は、空観が極端な邪見を離れた中道に他ならないことを意味している言葉である。

空海は、『秘蔵宝鑰』第七住心で「一切を否定し去る鋭利な刀すなわち八不の正観は、迷妄の戯論分別を断つと、（略）心の主体性は障りなく自由自在であって、ここに仏道（仏果への道）に入る。この初門から第十住心への道に移る」と述べて、三論宗の空観や八不中道の教えを密教の初門として評価している。

(三) 弥勒菩薩の三摩地門（法相宗）

①『般若心経』

是故《ぜこ》空中《くうちゅう》無色《むしき》、無受想行識《むじゅうそうぎょうしき》、無眼耳鼻舌身意《むげんにびぜっしんい》、無色声香味触法《むしきしょうこうみそくほう》、無眼界《むげんかい》、
乃至《ないし》無意識界《むいしきかい》、

②この故に、空の中には、色もなく、受も想も行も識もなく、眼も耳も鼻も舌も身も意もなく、色も声も香も味も触も法もなし。眼界もなく、乃至、意識界もなし。

③この故に空（実体がない）という立場においては、物質的現象もなく、感覚もなく、表象もなく、意志もなく、知識もない。眼もなく、耳もなく、鼻もなく、舌もなく、身体もなく、心もない。眼に見える形もなく、声もなく、香りもなく、味もなく、触れられるも

のもなく、心の対象もない。眼の領域から意識の領域に至るまですべてがない。

④『般若心経秘鍵』【大意序】

之を識界に説けば、簡持《けんじ》（弥勒菩薩）手を拍《う》ち、

⑤この世界の一切のものが実体のない空であるが、ただ主観（識）の構成する世界であると説くと、弥勒菩薩は手を拍って賛同される。

⑥空海は、この一節が五蘊（色・受・想・行・色）、十二処（六根と六境）、十八界（六根と六境と六識）などに言及しているところから、唯識説を読み取り、法相宗（第六住心）の教えを示しているとする。

⑦『般若心経秘鍵』【五分科】

三《み》つに相と者、いわゆる摩訶梅多羅冒地薩怛嚩《まかばいたらぼうぢさとば》（弥勒菩薩）の三摩地門是なり。是故空中と云うより無意識界に至るまで是なり。大慈三昧は与楽を以って宗とし、因果を示すを誡《いまし》めとす。相性別論し、唯識境を遮す。心ただ此に在り乎。頌に曰く。

二我何《いず》れの時にか断つ、三祇に法身を証ず。
阿陀《あだ》は是れ識性なり。幻影は即ち名賓《みょうひん》なり。

⑧第三に「相」というのは、弥勒菩薩のさとりの教えを指している。「是故空中無色」から「無意識界」に至るまでの文言がこれに該当する。弥勒菩薩のさとりである大慈の三昧は、人

びとに楽をあたえることを以って目的（宗）とし、善因善果、悪因悪果の因果の道理を示すことを誡《いまし》めとしている。現象（相）と本質（性）の区別を論じ、現実世界のすべての存在は、ただ識の転変にすぎず、実体があるのではなく、在ると思う心があるだけである（つまり、「我思う故に我あり」である）。

頌にいわく、

我の存在についての執着（人我）と現象界のすべてが実在するという執着（法我）の

二つのとらわれをいつ断つことができるだろうか

無限に長い時間をかけて、法身の真理を身につけることができる

潜在意識である阿陀那識《あだなしき》（第八阿頼耶識《あらやしき》）こそあらゆる識の根源である

この世に存在するものは、幻影のように実体のない名のみの仮の姿である

⑨空海は、『般若心経』が「五蘊、十二処、十八界」の実体を無であり空であると説いているにも拘わらず、その否定性を無視するかのように、「五蘊、十二処、十八界」を説いていると理解し、この一節から「存在は識である」という唯識の思想を取り出していることがわかる。

三論宗は、戯論を滅する八不中道の空観の中で、この世界と存在の空性をありのままに観ることによって、自由自在な境地に至ろうとしていた。しかし、その空性の深さにも拘

わらず、自心を空じ、一切の規定性を空じる結果、実践的な智慧を提示することができなかった。

それに対して、法相宗は、現象（相）と本質（本性）を別けることによって、世界と存在の現象が心（第八阿頼耶識識）の世界であり存在であると捉えることができたのである。その結果、三論宗の空性に足を取られることなく、「大慈三昧（弥勒菩薩の三摩地門）は与楽（抜苦与楽）を以って宗とする」という利他の世界への道を見いだしたといえる。すなわち、大乗精神（他縁大乗心）の誕生である。

【注記】十二処とは、眼・耳・鼻・舌・身・意の六つの感覚器官（六根）と、それぞれの対象である色・声・香・味・蝕・法の六つ（六境・六塵）を合わせた概念である。それに六根をつかさどる眼識・耳識・鼻識・舌識・身識の前五識と第六意識の六識を加えて十八界という。

六識については、部派仏教（二乗）でも説かれている。唯識説では、これに第七末那識すなわち心の深層に隠れている自我意識、さらに深層にある第八阿頼耶識すなわち人の心の根底に潜在している根元的な識であり、現に働きつつある前七職が生じるための根底となり、基盤となる根本識である。そして、前の諸識で生じた心作用の印象（種子《しゅうじ》）を内蔵しているので蔵識《ぞうしき》ともいう。

（四）二乗の三摩地門（声聞と縁覚）

①『般若心経』

無無明《むむみょう》、亦無無明尽《やくむむみょうじん》、乃至無老死《ないしむろうし》、亦無老死尽《やくむろうしじん》、無苦集滅道《むくしゅうめつどう》

②無明もなく、また無明の尽きることもない。乃至、老も死もなく、また、老と死の尽きることもない。苦も集も滅も道もない、

③（さとりがなければ、）迷いもなく、（さとりがなくなることもなければ）迷いがなくなることもない。こうして、老いも死もなく、老いと死がなくなることもない。苦しみも、苦しみの原因（集）も、苦しみを制してなくすこと（滅）も、苦しみを制してなくす道もない。

④『般若心経秘鍵』【大意序】

十二因縁は生滅を麟角に指し、四諦の法輪は苦空を羊車に驚かす。

⑤縁覚（麟角）は、十二因縁を観じて、現象界の一切のものには必ず生滅があり、無常であることを覚る。声聞（羊車）は、四諦の道理を観じて、阿羅漢となる。

⑥空海は、「無無明」から「亦無老死尽」までの語句は、世の無常を観じ、因縁の道理を知る縁覚（第五住心）のさとりを述べており、「無苦集滅道」の五字は、仏の声を聞いて、苦と苦の原因と苦の滅と滅への道すなわち四諦を覚る声聞（第四住心）のあり方を示して

いるという。
『般若心経』の該当の語句は、般若の空思想から無明や老死の十二因縁も苦集滅道の四諦も一切が無と規定している。しかし、空海は、この無の意味を無視して十二因縁と四諦を取り出して、縁覚と声聞の教えを示していると解釈しているのである。

⑦『般若心経秘鍵』【五分科】

四《よ》つに二と者、唯蘊無我《ゆいうんむが》、抜業因種《ばつごういんしゅ》是れなり。是れ即ち二乗の三摩地門なり。無無明と云うより、無老死尽に至るまで、即ち是れ因縁佛《いんねんぶつ》の三昧なり。頌に曰く。

風葉に因縁を知る。輪廻幾《いく》ばくの年にか覚る
露花に種子を除く。羊鹿《ようろく》の号《な》相連《つらな》れり。

無苦集滅道、此れ是の一句五字は、即ち依声得道《えしょうとくどう》の三昧なり。頌に曰く。

白骨に我何《いずくん》か在る。青瘀《しょうお》に人本より無し。
吾が師は是れ四念なり。羅漢《らかん》亦何ぞ虞《たの》しまん。

⑧第四に二と云うのは、五蘊の法は存在するが我は存在しないとする唯蘊無我心と、迷いのもととなる行為（業）の原因（種子《しゅうじ》）を抜き去る抜業因種心の二であり、声聞と縁覚の三摩地門を説き明かしている。「無無明」から「無老死尽」までの語句は、因縁仏（縁覚）のさとりの境地を示している。頌にいわく、

風に吹かれて落ちる木の葉を見て（世の無常を観じ）因縁の道理を知る
生と死の輪廻をどれぐらいの年月をかけて覚るのか
露が消え、花が枯れるのを見て、まよいの種子を取り除く
声聞（羊）縁覚（鹿）、これら両者をならべて、二乗と呼ぶのである
「無苦集滅道」の一句五字は、声聞のさとりの境地である。頌にいわく、
白骨になって、どこに我の存在があるのか
青黒くなった死体に人などどこにも存在しない
声聞が師とすべきは、身は不浄、受は苦、心は無常、法は無我の四念処観である
阿羅漢となって得た行果は真のさとりではなく、楽しみには遠いものである

⑨この二乗解釈から空海の二乗についての評価が消極的というか否定的というか、かなり低いことは感じられる。しかし、縁覚がこの世の無常を観じ、因縁の道理に視線を向けていること、そして、声聞が苦集滅道の四諦をさとりの智慧とすることについては認めているようである。もっとも、成仏を捨てている阿羅漢のどこが楽しいのだという言葉は、即身成仏を説く空海からすれば当然の言葉である。

ここには、空海の二乗評価の厳しさはほとんど見られないが、『秘蔵宝鑰』の二乗評価を紹介しておきたい。第五住心の終わりのほうで、次のように述べている。

「声聞縁覚は、智慧狭劣なり。また楽《ねが》うべからず」。すなわち声聞・縁覚の二乗は、智慧は狭く劣っている。それ故に、この住心を求めてはならないという。さらに『十住毘婆沙論《じゅうじゅうびばしゃろん》』「助道法」の頌を取意して、「もしも二乗地に墜ちれば、これを菩薩の死という。例え地獄に墜ちようとも、このような畏れを生じることはない。地獄に墜ちても仏に到達することができるが、二乗地に墜ちればまったく仏への道をなくす」からであると述べている。すなわち、空海は、二乗に墜ちるよりもまだ地獄に墜ちたほうが成仏の可能性があると考えているのである。

(五) 聖観自在菩薩の三摩地門 (天台宗)

①『般若心経』
無智亦無得《むちやくむとく》、以無所得故《いむしょとくこ》。

②智もなく、また得もなし。得る所なきを以っての故に。

③知ることもなく、得るところもない。得るということがないからである。

④『般若心経秘鍵』【大意序】
之を境智に泯《みん》ずれば、帰一心を快《こころよ》くす。

⑤この語句は、境（客体）と智（主体）の対立をなく（泯）する（止揚する）一体化を説いているために、観自在菩薩が智境の不二一道（一実）に帰すことに快く同意される。

⑥空海は、智も得も無いという語句に主体（智）と客体（得・境・理）を読み取り、理智不二の一道を説く天台宗（第八住心）の教えが示されているとする。

⑦『般若心経秘鍵』【五分科】

五つに一と者、阿哩也嚩路枳帝冒地薩怛嚩《ありやばろきていぼうぢさとば》（聖観自在菩薩）の三摩地門なり。無智と云うより無所得故に至るまで是れなり。此の得自性清浄《とくじしょうしょうじょう》如来は、一道清浄《いちどうしょうじょう》妙蓮不染《みょうれんふぜん》を以って、衆生に開示して其の苦厄を抜く、智は能達《のうだつ》を挙げ、得《とく》は所証に名づく。既に理智を泯《みん》ずれば、強《あなが》ちに一の名を以ってす。法華涅槃等の摂末帰本《しょうまつきほん》の教、唯此の十字に含めり。諸乗の差別、智者之を察せよ。頌に曰く、

蓮《はちす》を観じて自浄を知り、菓《このみ》を見て心徳を覚る。
一道に能所を泯《みん》ずれば、三車《さんじゃ》即ち帰黙す。

⑧第五に「一」というのは、聖観自在菩薩のさとりの教えである。「無智」から「無所得故」までの語句がこれに該当する。観自在菩薩がさとりの位に就かれた時の密号である得自性清浄如来は、この世界のすべての存在者が本来清浄であり、あたかも美しい蓮華が泥土に咲いても泥に染まらないように、一切衆生の心もそのようであることを示し、人びとの苦しみを抜くのである（抜苦）。無智の智はさとりに達する主体性をあらわし、無所得故の得は客体としての理すなわちさとりをあらわす。一道清浄の境地においては、この智と理

の相対性は無（泯）となり、不二にして一となる。それ故に、「一」と名づけるのである。枝葉（三乗）の教えをまとめて根本（一乗）に帰入させる『法華経』や『涅槃経』の教えは、無智より無所得故までの十字に含まれている。諸々の教えの違いを智慧ある者は察せよ。頌にいわく、

　蓮華を観察して自分の心が清らかであることを知り
　蓮華の実を見て心にあらゆる徳が具わっていることを覚る
　主体と客体との対立は理智が一つになった境地において消滅（泯）すれば
　羊（声聞）鹿（縁覚）牛（菩薩）の三車は法華一乗（大白牛車）の教えに帰入する

⑨この解釈に、空海の『般若心経』解釈の頂点ともいえる概念理解が見られる。それは、無智亦無得、以無所得故の「無」の概念である。そこで、空海が解説、解釈しているこの「無」すなわち天台宗の無の概念について、筆者が何故、頂点であると述べているのかを説明しておきたい。なお、これまで述べてきた諸乗の語句や文言に見られる空や不も併せて取り上げることにする。

（一）建立如来の三摩地門では空の語であったが、ここでは現象として存在している色（事）がその本質（本性）において「実体がない」ことを意味していた。空とは空虚であると言い換えることができる語である。しかし空海は、色の対語として、空を空性つまり

存在している現象（事）の本質（本性）すなわち「理」と解釈している。これによって、事理無碍の華厳宗の教えが解読されたのである。この解読は、単なる否定性を示す『般若心経』の空概念を越えた空海独自の思想世界をあらわすものであることがわかる。その意味では巧みな論理ではあるが、しかし頂点とは言えない。

（二）無戯論如来の三摩地門では不の語であったが、ここでは八不という存在の否定性が問題になっていた。空海もこれについては、八不中道や八不空観の思想をそのまま受け入れている。その意味では、新しい次元をあらわす「不」の解読は見られない。

（三）弥勒菩薩の三摩地門では無の語であるが、空海は、この無について新しい独自な意味を読み込もうとはしていない。『般若心経』では空すなわち実体がないということにおいて、五蘊、十二処、十八界が「無い」と規定されているが、空海はその無の意味を無視して、識を問題にしている。その意味では、『般若心経』の空の思想から自由な世界（阿頼耶識）に関心を移しているといえる。

（四）二乗の三摩地門では無の語であるが、この無も否定性の意味を明らかに述べている語である。「無い」という意味以外にはない。空海もそれ以上の無概念を述べていない。

（五）観自在菩薩の三摩地門の「無」の概念は、これまでの無や空とはまったく異なった次元の概念として理解されている。『般若心経』の無の意味は、基本的には「無い」という否定性を明らかにする語である。しかし、空海は、「無智亦無得、以無所得故」の智を主体として、得・理を客体として読み取っているのである。そして、一道清浄の境地においては、この智と理の相対性は無化され（泯じられ）、不二にして一となると述べていた。それでは、智と理が不二一体化する論理とは、いかなる構造を持った論理なのであろうか。これについて、考えてみたい。

この智と理、主体と客体が一つになり新しい概念が生まれるためには、智と理の相互関係の中でそれぞれが自己を否定して（泯じて）、その相互関係を止揚しない限り、理智不二の新しい概念「一道」「一実」が生まれて来ることはない。

その意味で、空海は、これまでの「無」の意味には存在していなかった、相対立する相互関係（主客の関係）の中で相互の自己否定を通して、その相対性いわば矛盾を止揚する天台宗の「無」の意味を明らかにしているのである。

もっとも、この弁証法ともいえる論理は、否定する（無化する）ことを原理としているという意味では、密教の論理ではない。密教の論理は、法仏の視座すなわち存在と非存在との相対性を離れた仏智から存在を肯定的（表徳的）に捉えるからである。しかし、否定性を肯定性に変えることのできる論理であるという意味では、顕教の中では最高の論理だと思う。それ故に、筆者は頂点と評したのである。

第三行人得益分

諸乗の行人（菩提薩埵）の得る利益《りやく》について述べている。

①『般若心経』

菩提薩埵《ぼだいさった》、依般若波羅蜜多故《えはんにゃはらみたこ》、心無罣礙《しんむけげ》、無罣礙故《むけげこ》、無有恐怖遠離一切顚倒夢《むうくふおんりいっさいてんどうむ》想《そう》、究竟《くきょう》涅槃《ねはん》、三世諸佛《さんぜしょぶつ》、依般若波羅蜜多故《えはんにゃはらみたこ》、得阿耨多羅三藐三菩提《とくあのくたらさんみゃくさんぼだい》、

②菩提薩埵は、般若波羅蜜多に依るが故に、心に罣礙《けげ》なし。罣礙《けげ》なきが故に、恐怖あることなく、一切の顚倒夢想を遠離して涅槃に究竟す。三世諸仏も般若波羅蜜多に依るが故に、阿耨多羅三藐三菩提《あのくたらさんみゃくさんぼだい》を得たまえり。

③諸々の求道者（菩提薩埵・行人）は智慧の完成に依るが故に、心を覆われることなく存在する。心を覆うものがないから、顚倒した心を遠く離れて、永遠の平安に入っているのである。過去、現在、未来の三世にいます無数の仏たちも智慧の完成に住して、この上ない真実なる仏のさとり（無上正等正覚）の境地を得られたのである。

④⑤⑥『般若心経秘鍵』【大意序】該当なし。

ただし、「涅槃」と「三世諸仏」の語については、すでに第二章で考察している。

⑦『般若心経秘鍵』【五分科】

第三の行人得益分に二つあり。人法是れなり。初めの人に七つあり。前の六つ、後の

一つなり。乗の差別に随って、薩埵に異あるが故に。又薩埵に四つあり。愚、識、金、智、是れなり。次に又法に四つあり。謂く因、行、証、入なり。般若は即ち能因能行、無碍離障は即ち入涅槃、能証の覚智は即ち証果なり。文の如く思知せよ。頌に曰く。

行人の数は是れ七つ。重二彼の法なり。

円寂と菩提と　正依何事か乏しからん。

⑧第三の行人（修行者）が得る利益を説く一節には、人と法の二つが説かれている。初めの人については七種類の区別がある。前に述べた建、絶、相、二、一、すなわち華厳と三論と法相と声聞・縁覚と天台の六種類の人と、後の一つすなわち真言乗の人である。教えの違いによって人（薩埵）のあり方も異なるからである。また人（薩埵）には四種類ある。六道に迷っている凡夫（愚）と声聞・縁覚（識）と金剛薩埵（金）と法相・三論・天台・華厳の菩薩（智）とである。

次に、法に四種類がある。般若の智慧が因であり、その智慧を行ずること（行）、さとりの智慧の完成（証）、涅槃に入ること（入）の四つである。般若の智慧が証と入の因であり、かつさとりの智慧を完成させる実践行である。碍《さまた》げがなく、障《さわ》りがない状態（無罣礙）が入涅槃（究竟涅槃）である。仏のさとりを証する覚智（仏のさとりの智慧）はそのままさとりの成果（阿耨多羅《あのくたら》三藐三《さんみゃくさん》菩提《ぼだい》、無上正等正覚）、すなわちこの上なき真実なる仏のさとりである。『般若心経』の文言にしたがって思いめぐらせ。頌にいわく。

修行者の数に七種類ある。修すべき法は因と行の二、証と入の二の四つである。円かなやすらぎと、さとりの境地を身につけて、報いとして得た身心とその依り拠（環境世界）とが欠けることなく具わっている。

⑨空海は、「菩提薩埵」から「三藐三菩提」までの一節について、行人が得る利益が述べられていると解釈している。そして、その利益を人と法とに二分する。人には華厳等の六種と真言との七種の区別があるとし、その教えの違いによって行ずる薩埵（人）も異なる。その薩埵は、愚童薩埵（愚童凡夫）、有識薩埵（声聞縁覚）、智薩埵（四家大乗、三論・法相・天台・華厳）、金剛薩埵（真言）の四種類の行人に分れる。

法も因、行、証、入の四種類に分れる。「依般若波羅蜜多故」の般若の智慧が「因」であり、その般若の智慧を行ずる（実践する）から「行」である。「心無罣礙」から「究竟涅槃」までの語句は、般若の因と行とによって心をさまたげる執着や煩悩等がなくなり、生死の恐怖から脱し、あらゆる迷いや幻想から遠く離れて、涅槃の境地に入るが故に「入」である。「三世諸佛」から「得阿耨多羅三藐三菩提」までの語句は、三世の諸佛が般若波羅蜜多の法によって無上の正等正覚を得るが故に、「証果」をあらわしているとする。

ところで、空海がここで説いている利益は、七種類の教えによって行ずる人すなわち薩埵の違いによって、得られる利益が異なると考えているようである。そして、因から証果までの過程のあり方（法・形式）は、同じであると考えているようであるが、その証果の内容すなわち阿耨多羅三藐三菩提の内実は異なる筈である。しかし、『般若心経』の文言にしたがって思いをめぐらせ」とあって、それ以上は説明されていない。

ただ、この内容について、『秘蔵宝鑰』第十住心で「第四の唯蘊《ゆいうん》已後は聖果《しょうか》を得と名づく」と述べているように、第四住心以後の各住心は、その住心に特定されたさとりの境地を聖果として有している。もちろん、真言密教（第十住心）の視点からすれば、浅略の境地から深秘の境地までの違いがあり、前者は常に後者の入門（入口）に位置づけられているにしても、各住心に固有の聖果が存することは確かである。この各聖果を阿耨多羅三藐三菩提と呼べば、問題はないことになる。すなわち、空海は、二乗から真言までの七宗のそれぞれが到達したさとりの境地（三摩地門）をそれぞれの阿耨多羅三藐三菩提として平等に認めようとしているのである。

次に、この第三行人得益分で説かれている「利益」は、「菩提薩埵」より「三藐三菩提」までの文言についての解釈として説かれており、行人(修行者)が般若の智慧を因とする「行法」によって得られる利益を説いている。しかし、密教の視点からすると、この阿耨多羅三藐三菩提というこの上なき真実なる仏のさとりを獲得する利益は、行人の利益であって、その限りでは自利に他ならないといえる。

これに対して、「序分」の大意序では、『般若心経』についての利益を次のように述べていた。「(この経を)もし誦持講供(読誦し、受持し、講演し、供養)するならば、生きとし生けるものの苦しみを救い、心の安らぎを与える(抜苦与楽)。この経典の教えを習い修め、思惟すれば、さとりを得て神通力を起こす(得道起通)。この経文の意味が甚だ深いと称えられるのは誠にもっともなことである」と。

すなわち、大意序では、『般若心経』を誦持講供することによって得られる利益は、「抜苦与楽、得道起通」いわば誦持講供する者の現世利益とさとりの智慧を得るという二つの具体的な仏果を得る大きな功徳(利他)を意味していた。とくに現世利益については、この時代の一般的な関心事であったと思う。空海自身も大意序でこの一般的な『般若心経』の利益を認めているのである。

ところが、「五分科」の行人得益分では、そのような具体的な現世利益よりも「阿耨多羅三藐三菩提」の獲得、すなわちこの上なき真実なる仏のさとりの獲得という抽象的理念的な利益が述べられているのである。この違いは、大意序においては利益の主体が誦持講供する人びとに置かれているのに対して、この行人得益分では利益の主体が行人(修行者)に置かれていることによる違いと考えられる。

以上のことから、「利益」について、大意序と正宗分がそれぞれ異なる趣旨と意図のもとで別々に著述されたと考えることができるようである。このことについて、大意序（序分）と正宗分が一連の作業として著述されていたとしたら、もう少し包括的で全体的な視点から整理された解釈がなされた可能性があったかも知れない。

しかし、この二つの利益は、説いている意味（誦持講供か経文解釈か）と相手が異なることを前提として読めば、二つとも空海の考えている『般若心経』の利益であることは了解できる。それでも、何故、この「菩提薩埵」から「三藐三菩提」までの一節について、大意序では概説をしなかったのかという疑問も含めて、この問題については次の章で改めて考察することにする。

第四総帰持明分

これまでのすべての教えが秘密真言に帰すことを述べている。

①『般若心経』

故知《こち》般若《はんにゃ》波羅蜜多《はらみった》、是大神呪《ぜだいじんしゅ》、是大明呪《ぜだいみょうしゅ》、是無上呪《ぜむじょうしゅ》、是無等等呪《ぜむとうどうしゅ》、能除一切《のうじょいっさい》苦《く》、真実不虚《しんじつふこ》。

②故に知るべし。般若波羅蜜多はこれ大神呪なり。これ大明呪なり。これ無上呪なり。こ

れ無等等呪なり。能く一切の苦を除き、真実にして虚しからず。
③それ故に知るべきである。智慧の完成は、大いなる真言、大いなるさとりの真言、無上の真言、比類のない真言であり、これらの真言は、すべての苦しみをよく除くものであり、真実にして虚しからずと。
④⑤⑥『般若心経秘鍵』【大意序】該当なし。
⑦『般若心経秘鍵』【五分科】

第四の総帰持明分に、又三つあり。名体用《みょうたいゆう》なり。四種の明呪は名《な》を挙げ、真実不虚は体を指し、能除諸苦は用を顕す。名を挙ぐる中に、初めの是大神呪は声聞の真言、二つには縁覚の真言、三つには大乗の真言、四つには秘蔵の真言なり。若し通の義を以って云わば、一一の真言に皆四名を具す。略して一隅を示す。円智の人、三即帰一せよ。頌に曰く。

総持に、文義忍呪あり。悉く持明なり。

声字と人法と、実相とに此の名を具す。

⑧第四の総てが真言に帰すことを説く一節には、三つのことが説かれている。真言の名称(名)と本質(体)とはたらき(用)である。「大神呪、大明呪、無上呪、無等等呪」の四種類の明呪は名称である。真実不虚はその本質である。能除一切苦はそのはたらきである。

名称として挙げた四種の明呪は、最初の「大神呪」は声聞の真言、第二の「大明呪」は縁覚の真言、第三の「無上呪」は大乗の真言、第四の「無等等呪」は秘蔵の真言である。もし全体に通じる意味で言えば、個々の真言はそれぞれに四種類の名称を具えている。略してその一端を示す。円かな智慧を具えている人は、一つの真言に他の三つが具わっていることを知って欲しいものである。頌にいわく。

総持つまり陀羅尼は、文、義、忍、呪の四種に分かれるが、それらすべてが明呪である。

声と字と人と法と実相は総持（真言陀羅尼）の名を具えている。

⑨空海は、この第四総帰持明分において、これまでの文言や語句の解釈ではなく、明呪という真言陀羅尼の具え持っている意味について述べている。そこで、この説明にある声字実相と人法について、これらの語が存在の「ことば」であることを説明したい。

人と法が存在の概念であることは、説明の要はないと思う。人は存在者を意味し、法は多様な意味を有しているが、存在するもの一般をあらわしている語でもある。空海もここではその意味で使用している。

それでは、空海の声・字・実相とはいかなる意味を持った存在の「ことば」であるのか。これについて、空海は『声字実相義』の中で考察している。

先ず、言葉の始まりを音や響きなどの「声」にあるとする。この声が「もの」の名を表示するとき、その表示を「字」というと述べている。すなわち声字とは、「もの」の名をあらわす「ことば」ということになる。そして、声字が「もの」の実体に対応しているとき、その声字を「実相」をあらわす「ことば」と考えている。

空海は、顕教の「ことば」が相手の宗教的素質（機根）に対応した対機説法の言語であって、真理実相を直接あらわす「ことば」ではない。それに対して、密教の「ことば」は真理実相を直接説いている法身仏（法仏）の「ことば」すなわち真言であり、語密であると述べている。空海は、この真言であり、語密である法仏の「ことば」の本質と内容を説明するために、「声字実相」という四字の語を考えたのである。

これについて、空海は、声字すなわち法仏の「ことば」は、主観的な認識や説明の言語ではなく、世界と存在の実相を直接開示している存在の「ことば」（真言）であり、法仏の「語密」であると規定する。その意味で、存在は「ことば」であるといえる。

そこで、声字実相の語を理解するために、声字と実相について説明したい。声字すなわち「ことば」は、表現する主体である。それに対して、実相は表現される客体である。この声字（主）と実相（客）の関係について、空海は、「声字即実相である声字実相」と述べている。この意味は、表現する声字と表現される実相とは、主客不二であり、「一」なる語すなわち「声字実相」であると述べているのである。それが法仏の「ことば」、真言であり、語密であるということである。空海は、この声字実相である真言、語密の意味を「阿字」を使ってもう少しわかりやすく具体的に説明している。

すなわち、阿字について言えば、口を開いて音を出すときに「ア」の音声が起こる。これが「声」である。アの声はいかなる名を呼ぶかというと、絶対的存在であり真理そのものである法身大日如来の名字をあらわす。これが「声字」（阿・𑖀《ア》）である。大日如来はいかなる意味を有しているかというと、すべてのものが本来において不生すなわち始めもその終わりもないという存在の深秘性、本不生不可得の存在性をあらわしている。これがまさに「実相」である。

要するに、声字実相とは、例えば大日如来の声字「𑖀《ア》」（真言の阿）が同時に諸法本不生という実相の意味をあらわしている語であるということである。それは、𑖀《ア》字において、声字と実相が「一」なる不二概念「声字実相」となっていることを意味している。

空海は、このような声字実相の概念のもとで、頌で声字と人法と実相つまり一切の存在が総持すなわち真言陀羅尼に収まると述べているのである。

【注記】文陀羅尼は、経典の文章を持して忘れなくする陀羅尼。義陀羅尼は、経典の意味を持して忘れなくする陀羅尼。忍陀羅尼は、無生の法理を認める智慧を獲得する陀羅尼。呪陀羅尼は、呪文の効力を高めるために三昧の自在を得る陀羅尼。

第五秘蔵真言分

秘蔵真言とは陀羅尼のことで、『般若心経』のすべてはこの陀羅尼に帰すことを述べている。

①『般若心経』

故知般若波羅蜜多呪《こちはんにゃはらみったしゅ》、即説呪曰《そくせつしゅわつ》、掲帝掲帝《ぎゃていぎゃてい》、般羅掲帝《はらぎゃてい》、般羅僧掲帝《はらそうぎゃてい》、菩提僧莎訶《ぼじそわか》。

②故に、般若波羅蜜多の呪を説く。即ち呪を説いて曰く、

掲帝掲帝、般羅掲帝、般羅僧掲帝、菩提僧莎訶。

③それ故に、智慧の完成の真言を次のように説かれた。

𑖐𑖝𑖸《ギャティ》　𑖐𑖝𑖸《ギャティ》　𑖢𑖐𑖝𑖸《ハラギャティ》　𑖢𑖭𑖽𑖐𑖝𑖸《ハラソウギャティ》　𑖤𑖺𑖠𑖰《ボウジ》　𑖭𑖿𑖪𑖯𑖮𑖯《ソハカ》

ガテー　ガテー　パーラガテー　パーラサンガテー　ボーディ　スヴァーハー

④『般若心経秘鍵』【大意序】

況んや復𑖐𑖝𑖸《ギャティ》の二字は諸蔵の行果を呑み、𑖢𑖭𑖽《ハラソウ》の両言は顕密の法教を孕《はら》めり。一一の声字は歴劫《りやくこう》の談にも尽きず。一一の名実は塵滴の仏も極めたまうこと無し

⑤真言の意味の深遠なことはなおさら、「𑖐𑖝𑖸《ギャティ》・羯帝」の二字は諸々の教えの行人（修行者）の成果を内蔵し、「𑖢𑖭𑖽《ハラソウ》・般羅僧」の両言は、顕教と密教にわたってあらゆる教えを含んでいる。この経典の一一の「ことば」は果てしなく長い時間語ったとしても尽きることが

ない。一一の名と実体の意味することについて、無数の仏も極めることはない。

⑥空海は、この大意序では、𑖐𑖝𑖸《ギャテイ》・羯帝の二字に諸乗の行人の行果を含んでいると述べていることから、四つの𑖐𑖝𑖸《ギャテイ》・羯帝に諸乗の行人を充てているようである。しかし、具体的な行人の充当については述べていないために明確に言えないが、第五秘蔵真言分で述べている四つの乗すなわち声聞乗・縁覚乗・大乗・真言乗を考えているのではないかと思う。

また、𑖢𑖯𑖭𑖽《ハラソウ》・般羅僧の両言は顕密のあらゆる教えを含んでいると述べていることから、𑖐《ギャ》𑖝𑖸《テイ》・羯帝とは別な思考がうかがえる。𑖢𑖯𑖭𑖽《ハラソウ》・般羅僧について、𑖢𑖯《ハラ》・般羅と𑖭𑖽《ソウ》・僧の両言を考えているのか、それとも𑖢𑖯《ハラ》・般羅と𑖢𑖯𑖭𑖽《ハラソウ》・般羅僧の両言を考えているのかわからない。筆者は、後者の𑖢𑖯《ハラ》・般羅と𑖢𑖯𑖭𑖽《ハラソウ》・般羅僧の両言と考えて、𑖢𑖯《ハラ》・般羅は顕教の諸乗の教えを、𑖢𑖯𑖭𑖽《ハラソウ》・般羅僧は真言乗の教えを指していると理解している。

⑦『般若心経秘鍵』【五分科】

第五の秘蔵真言分に五つあり。初めの𑖐𑖝𑖸《ギャテイ》は声聞の行果を顕わし、二の𑖐𑖝𑖸《ギャテイ》は縁覚の行果を挙げ、三の𑖢𑖯𑖐𑖝𑖸《ハラギャテイ》は諸大乗最勝の行果を指し、四の𑖢𑖯𑖭𑖽𑖐𑖝𑖸《ハラソウギャテイ》は真言曼荼羅具足輪円の行果を明かし、五の𑖤𑖺𑖠𑖰𑖭𑖿𑖪𑖯𑖮𑖯《ボウジソハカ》は上の諸乗究竟菩提証入の義を説く。句義是の如し。

若し字相義等に約して之を釈せば、無量の人法等の義あり。劫を歴ても尽くし難し。

若し要問の者は法に依って更に問え。頌に曰く。

真言は不思議なり。観誦すれば無明を除く。

一字に千理を含み、即身に法如を証す。

行行として円寂に至り、去去として原初に入る。

三界は客舎の如し、一心は是れ本居なり。

⑧第五の秘密の真言を説く一節には、五種類の真言が説かれている。初めの《ギャテイ》「掲帝《ぎゃてい》」は声聞の修行の成果を顕した真言であり、二番目の《ギャテイ》「掲帝《ぎゃてい》」は縁覚の修行の成果を挙げ、三番目の《ハラギャテイ》「般羅掲帝《はらぎゃてい》」は諸々の大乗の最も勝れた修行の成果を指し、四番目の《ハラソウ》《ギャテイ》「般羅僧掲帝《はらそうぎゃてい》」は真言曼荼羅の教えの修行の成果を明らかにしている。五番目の《ボウジ》《ソハカ》「菩提僧莎訶《ぼじそわか》」は上に述べた諸々の教えの究極的なさとりに入る意味を説いている。真言の語句の意味は以上のとおりである。

もしも真言の字相や字義を明らかにしようとして、その一一の字句について解釈しても、人についても法についても量り知れないほどの意味がある。どんなに長い時間をかけて解釈しても、論じつくすことは難しい。もし疑問があるならば、真言の法儀にしたがって修行し、更に追求してほしい。誦にいわく、

真言は不思議な功能を持っている。真言を観想し念誦すると、迷いや苦しみの根源で

ある無明を除いてくれる。

わずか一字に無量無辺の真理が含まれ、（観誦すれば）この身において法仏の存在となる。

羯帝羯帝と行き行きてさとりに向かって進み、円かで寂静な仏の世界に至り、羯帝羯帝と去り去りて迷いの世界を離れ、原初の本不生の世界に入る。

欲界、色界、無色界の三界（迷いの世界）は仮の住まいであり、本来具えている一心（菩提心）こそが本来の住まいである（注、梵字の𑖐𑖝𑖸《ギャティ》・羯帝には、「行く」と「去る」の両義がある）。

⑨空海は、この語句が具体的に真言を説いているために、分科名を「秘蔵真言分」としたことは明らかである。空海がこの分科で取り上げている真言についての解釈は、『般若心経』の経文の最後が、いわば結論として、真言で終わっていることの意味を次のように読み解こうとしていたのではないかと思う。

先ず一つは、前の四種類の真言がそれぞれ声聞・縁覚・四家大乗・真言曼荼羅（真言密教）の教えの修行と成果を証《あか》していること、そして第五の真言が諸乗のさとりの境地に入る意味を説いていることを明らかにしていることである。もちろん、羯帝にせよ般羅羯帝にせよ菩提僧莎訶にせよ、この一節の梵字の訳としては「往ける者よ、往ける者よ、彼岸に往ける者よ、彼岸にまったく往ける者よ、さとりよ、幸あれ」というものである。

しかし、この訳で終わったのでは、空海が説いている諸乗の教えとその真言の意味は、まったく反映されていないことになる。そこで、空海は、往けるとは、彼岸に往けるとは、何を意味しているのかを考えたと思う。その結果、真言・語密は、顕密七宗のそれぞれの教え（乗）と修行の成果によって最終的にそれぞれの「さとり」の境地に入ることを説いていると解釈したのである。その解釈によって、空海の説く『般若心経』のすべての教えがこの真言に帰するという意味が理解できるのである。

つまり、空海は、仏教のすべての教えが大小乗あるいは顕密の教判的意義づけを超えて、『般若心経』と「秘蔵真言」に帰すると考えているのである。

二つは、頌で述べている真言の意義である。真言の不思議な功能、観誦することによって根本の無明を除くこと、真言一字に千の真理を含み、その観誦によって即身に法仏の存在となることを述べている。そして、「羯帝羯帝」と真言陀羅尼を観誦するだけで、仏の世界に至ることも、そこを去って本不生の世界すなわち阿字の世界に帰ることもできるという。おそらく、この境地に住したとき、『般若心経』はもちろん一切の文字（文語）で書かれた経典が大空《だいくう》の世界に消え去って行くのではないだろうか。空海はどのように考えていたのであろうか。

問答決疑分

空海は、五分科の後に二つの問答を付けている。古来、この問答段を「問答決疑分」と呼び習わして来たようである。筆者もそれに従う。

第一の問答は、如来の秘密語である陀羅尼を説き明かすことは、仏の心に背くのではないかという疑義に答えているものである。すなわち、

問う。陀羅尼は、仏の秘密の「ことば」である。それ故に、鳩摩羅什や玄奘のような三蔵といわれる高僧や、すぐれた注釈家たちは陀羅尼について論ずるのを避け、記述することもなかった。それにも拘わらず、今あなたは、この陀羅尼について解釈をほどこしたわけであるが、これは仏の深く聖《きょ》い心に背くことではないのか。

この問いに対して、次のように答えている。

仏の説法に二種類がある。一つは顕教の説法であり、二つは密教の説法である。顕教の機根を持った者のためには、多くの言葉（多名句）を費やして説法し、密教の機根（秘根）を持った者のためには、真言陀羅尼（総持）を説くのである。だから仏はみずから𑖀《ア》字や𑖌𑖽《オン》字などの真言が持つさまざまな秘密の意味を説いているのである。すなわち、密教の機根を持った者のために真言陀羅尼の意味を説かれたのである。龍猛や善無畏あるいは不空などもこうした真言陀羅尼の意味を説いている。仏が説法し、ある

いは黙するということは、ひとえにそれを受け取る側の機根にかかっている。陀羅尼を説くのも黙して説かないのも、いずれも仏の意にかなっているのである。

空海は、仏の秘密語である陀羅尼を論じ、その解釈を記述しているが、許されることなのかという詰問に、陀羅尼を論述した理由を仏の説法のあり方が二種類あることに求めている。

それによると、先ず説法のあり方を顕教と密教に二分している。そして、その二分の根拠を説法を受ける聴聞者の機根すなわち宗教的素質や能力に求めているのである。しかし、この説法の説明は、『辨顕密二教論』とは明らかに異なっている。

『辨顕密二教論』では、対機説法と法身説法というあり方で顕密の説法が考えられている。すなわち、仏の説法の二分は、説法する教主を二分して区別しているものである。つまり、顕教では釈迦仏のように比丘、菩薩を経て「さとり」を得た人仏（報身）が教主であるが、密教では法を身とする仏、法仏（法身仏）が教主である。この説法の教主の違いから顕教と密教の説法の違いを理解することは、後年の『秘蔵宝鑰』においても変わってはいない。

ところが、この問答決疑分において、顕教と密教の説法の違いを教主ではなく聴聞者（相手）の機根の違いに求めているのである。すなわち、ここでは、密教の法仏は、相手の機根に応じて、顕教の言説で説明するか、あるいは密教の「ことば」で伝えるかを使い分けていることになる。すなわち、説法の教主ではなく聴聞者の機根とそれに対応する「語」に顕密の説法の違いを見ているのである。この説法概念は、これまでにないまったく新しいものであるといえる。

この説法形式そのものは、相手の機根に応じて説く対機説法である。しかし、『弁顕密二教論』の対機説法とは決定的な違いがある。それは、教主はあくまでも密教の法仏であるということである。ただし、密教の三摩地門の教えを誰にどのように説き、伝えるかというところにおいて決定的に違ってくるのである。

すなわち、法仏は、三摩地門の教えを顕教の機根の者にはさまざまな言葉（多名句）で説明し、密教の機根の者には真言陀羅尼でそのさとりの境界を直接伝える（以心伝心）のである。

このことを五分科で言えば、人仏である釈迦仏が舎利弗に説法している第二時未了の『般若心経』の言葉は、顕教の言葉であり、顕教の機根を持った聴聞衆に多くの言葉によって「般若の空」を説いているものである。

それに対して、空海が密教の視座から『般若心経』を読み直し解釈した『般若心経秘鍵』の「五分科」では、『般若心経』を密教の経典として読み解き解釈したが故に、経文の一字一句一行に六宗の三摩地門の教えすなわち密教の教えがそれぞれの教えに沿って説かれているというのである。

それ故に、五分科の「分別諸乗分」においては、六宗についてそれぞれの三摩地門の教えを顕機の者のために多くの言葉を使って説明しているのである。そして、「秘蔵真言分」においては、秘根の者のために真言陀羅尼を説いているということになる。

この説法形式は、要するに、密教の視座すなわち法仏の視座から相手の機根に応じて、それぞれの三摩地門の教えを世間の言葉で説くか、真言陀羅尼で説くかを決めることになる。その意味では、密教の対機説法ということになる。この主張は、空海の著作の中では初めてのものではないかと思う。

ところで、空海は、これまで語ったことのない説法概念によって顕密の違いを明らかにしながら、密教の機根を持った者にのみ理解できる法仏の「ことば」とさとりの境地（三摩地門）のあることを、真言陀羅尼を通して年少の弟子たちに伝えようとしたのではないだろうか。

第二の問答は、顕密二教は、その内容の違いにおいて離れているのではないか。顕教の経典である『般若心経』の中に秘義があると説くのは無理ではないかという疑義についてのものである。すなわち、
問う。顕教と密教の二教は、その内容において遙かにかけ離れている。今あなたは、『般

若心経』という顕経の中から秘密の意味をくみ取って論じたが、それは不可能である。この問いに、次のように答えている。すなわち、

医者の目で見れば、道ばたの草もみな薬に見える。宝石を見分けることができる人は、鉱石を宝として見ることができる（医王の目には途《みち》に触れて皆薬なり。解《げ》宝の人は礦石を宝と見る）。何でもないものに宝のあることを知っているか、知らないかは、誰の罪であろうか。

と述べて、次のように結論している。

顕教と密教の相違は、受け取る側の人に依る。経文の声字すなわち言葉にあるのではない（顕密は人にあり。声字は即ち非なり）。

この問答は、第一のそれと問答の流れとしては同じである。顕密の違いの核心は、経文の言葉ではなく「人」にあることを主張しているからである。問題は「人」いわば機根にあるということである。

しかし、問いの内容は、顕教の経典から密教の深秘な教えを読み解くことは無理ではないかというものである。この問いに対する空海の回答は、法仏の視座から為されている。すなわち、この視座からすれば、すべての仏教経典が意味のある智慧を説いている限り、その経文の一字一句一行は、人仏ではなく法仏の大いなる智慧の「ことば」すなわち仏智

の表象である。それ故に、われわれ衆生が経文の行間に深秘な法仏の「ことば」が説かれていることを読み取ることができるならば、その「ことば」すなわち真言・語密の語る存在の本質つまり「宝」を得ることができる。その宝の在りかを読み取ることができるのは、言葉ではなく読み取る人の機根以外の何ものでもないというのである。

要するに、この現象世界のすべての存在が宝（すばらしい価値）を持っていることを知るか、知らざるかは、その人の機根次第であるということである。

五　流通分

空海は、『般若心経秘鍵』の終わりに「流通分」として、次の二頌八句を出している。

私は、ここに『般若心経』を秘密真言の深い意味から読み込み
簡略に『心経』を五分科に分けて、その内容を讃嘆しつつ解釈した
経文の一一の文字や一一の文章は、（法曼荼羅の故に）悉く真理の世界に遍満し
無始無終であるが故に、その智慧と真理は、わが一心の分位である
心の眼にかげりを持つ人びとは、そのことがわからず
文殊・般若の両菩薩はこのような人びとの迷いを解くために

この経典の甘露な教えをそそいで、迷える人びとをうるおし救う
　仏と同じく根源的な無知を断ち切り、煩悩の魔軍を打ち破ろう

この両頌は、基本的にはこれまで述べてきた『般若心経秘鍵』の視点からすなわち密教の視点から解釈した『般若心経』を讃嘆し称賛している内容である。この内容を要約すると、前頌で『般若心経』の深い意味を秘蔵真言から読み込み、経文を五分科に分けて解読、解釈をした。その結果、経文の一字一文が真理の世界に遍満し、その智慧と真理は、絶対的存在である自心の仏（一心）のあらわれ（分位）であることがわかったという。そして、後頌でこの存在の真理実相がわからない迷える人びとに、文殊・般若の両菩薩は、『般若心経』の「甘露な教えをそそいで救おうとしておられる」と述べて、『般若心経』の徳を称賛しているのである。

『般若心経秘鍵』は、ここで終わっているが、義浄訳の『般若心経』に附加されている「功能《くのう》文」を参考までに読み下し文で紹介する。

　此の経を誦せば十悪五逆九十五種の邪道を破す。若し十方の諸仏を供養し、十方の諸仏の恩に報ぜんと欲せば、當に観世音の般若を百遍千遍と誦すべし。晝夜の間無く、常に此の経を誦せば、願の果さ不ること無し。（義浄訳『仏説般若波羅蜜多心経』〔『異訳心経並梵本』全一巻〕）

六　『般若心経秘鍵』の著述時期

『大正大蔵経』五十七巻二一〇三A番の『般若心経秘鍵』の末に「上表文」が付いている。この上表文は冒頭の「時は弘仁九年（八一八年）の春」という文言から始まる。この言葉によって、『般若心経秘鍵』の撰述時期を弘仁九年と見る説がある。

この上表文の扱いについては、古くから疑問視されてきたが、江戸時代中期ごろから真偽の議論が行われてきた。ほとんどの研究者が偽書であると結論づけている。その理由の主なものは、空海の文とは思えない稚拙な文であり、「表」の体裁になっていないこと、「童を教える次いでに」上表するとはあり得ないこと、等々が出されて、現在では偽書であるとする研究者が圧倒的に多い状況かと思う。

それはそれとして、『般若心経秘鍵』の撰述時期を、筆者なりの視点から考察してみたい。

著述時期を考える上で、第一の問題は、弘仁九年（八一八年）という時期にある。空海の著書などから考えると、この時期は、『即身成仏義』著述の時期に重なっていることは否定できない。そうすると、この時期の空海が六大を体性とする独自な即身概念、具体的には体・相・用の三大と六大無碍の存在性と成仏の智の意味あるいは構造について、思考を集中していたことは明らかである。

そのような時期に、法仏の「ことば」である真言、すなわち『声字実相義』や『吽字義』で論考している「真言」について、両書とは異なるまったく新しい視点から『般若心経秘鍵』を著述していたことは考えられない事態である。何故なら、この事態は、『即身成仏義』の後に著述された『声字実相義』や『吽字義』の前にすでに真言の字義や実義について明確で深い把握をしていたことになるからである。

すなわち、「真言は語密なり」という『声字実相義』の理解や字相・字義を問題にする『吽字義』の論述の前に「真言は不思議なり一字に千理を含む」とする『般若心経秘鍵』が著述されていたとしたら、『声字実相義』や『吽字義』では『般若心経秘鍵』の深秘で独特な真言観・陀羅尼観の内容と思想性をさらに展開させてもよかったのにどうしてそのようにしなかったのかという疑問を持たざるを得ないからである。

それ故に『般若心経秘鍵』は『即身成仏義』の時期ではなく、真言・語密の字義・実義を述べている『声字実相義』や『吽字義』さらに『十住心論』や『秘蔵宝鑰』などの論考と内容と思想性を踏まえて、その後に著述されたと考えるほうが正当な理解ではないかと思う。

次に第二の問題として、『般若心経秘鍵』の著述上の特徴を挙げることができる。すなわち、『般若心経秘鍵』には経典・論書からの引用による論考や記述がまったく見られないことである。この特徴は、天長年間に著述された諸『開題』類に見られる特徴に通じている。その意味で、『般若心経秘鍵』を除く『十巻章』の諸書や『十住心論』が経典論書を論考の根拠とする引用の仕方からすると、引用が見られないという意味で特異な書であり、その意味で、天長年間以後に著述された著書であると考えるのが妥当な理解ではないかと考える（なお、天長年間の『秘蔵宝鑰』と『十住心論』は勅命に対応した宗書の性格上、経論からの引用があるのは当然である）。

以上の二点の問題を考えると、『般若心経秘鍵』は、『声字実相義』や『吽字義』の著述後、あえて言えば、天長期の著述を終えて、自由闊達に論考と思想性を展開できた晩年に入ってから著述されたというのが真実ではないかと思う。これについて、撰者については諸説あるが、『弘法大師行化記』（『弘法大師伝記集覧』密教文化研究所）では「承和元年（八三四年）仲春の月」と記している。筆者は、この説を妥当と考えている。

ところで、この上表文を誰がいつの時代に偽作したのかということが問題になる。筆者の手元にある注解・注釈書では、この上表文はもと比叡山の文殊楼に保管されていたが、後、高野山に贈られたという説などがある。これらの説に登場する関係者が九世紀から十一世紀の間の人物であることから、このいずれかの時期に比叡山と密接な関係を持った人物による偽作であることが指摘されている。

第四章　空海の視座と「こころ」

一　何故『般若心経』なのか

奈良時代末から平安時代初頃までの社会的な『般若心経』評価と、その評価の影響を受けていると考えられる『般若心経秘鍵』著述の動機などについては、すでに第一章で考察したところである。

しかし、空海がそもそも何故『般若心経』を取り上げたのかという問題については、これまで触れてこなかった。そこで、あらためてこの問題について考えてみることにする。それによって、空海の『般若心経』評価の根拠あるいは理由が明らかになるのではないかと思うからである。

そこで先ず、空海が『般若心経』の特徴的な性格（特性）をどのように捉えているのかという問題から考えてみたい。

第一は、淳仁帝や光仁帝が官吏はもちろん一般の老若男女に対しても『般若心経』の読誦を命じていたことを見たが、これを可能にしているのは、『般若心経』の経文が短いことにあるといえる。耳から聞いて記憶できる文字数であり、読誦しても数分足らずであり、写経するにしてもそれほど時間を取らない。

このことは、経文を読める僧侶が独占している経典ではなく、文字の読めない一般の庶民でも唱えることのできる数少ない経典の一つであることを示している。空海は、識字力のない一般庶民が読誦あるいは念誦できるという特性を『般若心経』の積極的評価の理由の一つと考えていたのではないだろうか。

第二は、空海が著書の中でどのような形で『般若心経』に言及しているのかということ、つまり『般若心経』をどのような場面で取り上げているのかということから特性を考えてみたい。

空海の著述の中から『般若心経』について述べている箇所を拾い出すと、『般若心経秘鍵』以外では数える程度である。例えば、『遍照発揮性霊集』（『性霊集』）巻第七の「葛木の参軍、先考《せんこう》の忌斎《きさい》を設《ま》くる願文」に「謹んで弘仁十二年（八二一年）十月八日を以って、先考妣の奉為《おんため》に『金光明経』一部、『法華経』両部、『孔雀経』一部、『阿弥陀経』一巻、『般若心経』二巻を写し奉り、兼て供具を荘《かざ》って、三尊に奉奠《ほうてん》す」とある。同書巻第七の「田《でん》の少弐《しょうに》が先妣の忌斎を設くるが為の願文」に「大同二年（八〇七年）仲春十一日、（略）『妙法蓮華経』一部八軸、『般若心経』二軸を写し奉り、（略）諸尊を供養す」とある。同書巻第八の「三島の大夫、亡せし息女の為に『法華経』を写経し供養し講説する表白文」に「謹んで金字の『妙法蓮華経』一部、『般若心経』一巻を写し奉り」云々とある。その他、

『拾遺雑集《しゅういざつしゅう》』の「済恩寺願文」に『法華経』『最勝王経』『金剛般若経』『薬師経』『阿弥陀経』『多心経』（『般若心経』）各々一巻とある。

これらの願文などからわかることは、『般若心経』は、亡き人の忌斎などに伴う供養として写経されていることである。亡き人への供養を願う文章を願文や表白文あるいは達嚫文と呼んでいる。『性霊集』には四十篇ほどの願文などが載っているが、三篇ということは、『般若心経』が願文などにおいて重きを持っているという程ではない。その意味では、『般若心経』を取り上げる理由としては特性とは言い難いかも知れない。

しかし、『般若心経』の意味を考える上で、亡き人への供養経典として理解されていたことは確かなようである。その意味では、何か不思議な呪的力を感じさせる経典として人びとに理解されていたことがわかる。

それでは、『般若心経』の何がこの不思議な呪的力を感じさせるのであろうか。それは、言うまでもなく、『般若心経』の最後にある真言・陀羅尼に他ならない。

すなわち、第三は、『般若心経』自体が明確に述べているように、般若波羅蜜多すなわち智慧の完成とは「是大神呪、是大明呪、是無上呪、是無等等呪」であり、智慧の完成の呪すなわち「ことば」である「羯帝羯帝、般羅羯帝、般羅僧羯帝、菩提僧莎訶」の真言陀羅尼に他ならない。

その意味で、空海の最も注目した『般若心経』の特性とは、智慧の完成の結語とでもいうべきこの真言陀羅尼にあったと考えることができる。それ故に、『般若心経秘鍵』で「すべての教えが真言に帰す」（総帰持明分）あるいは「『般若心経』のすべては陀羅尼に帰す」（秘蔵真言分）と述べているのである。

それでは、『般若心経』の特性として考察してきた三つの特性の中で、空海が積極的に評価し、密教の経典として解読、解釈しようと決意させた特性は何かというと、最後の第三の特性であることは言うまでもないことであると思う。そして、特性としては、帝をはじめ奈良仏教界の僧侶たち、それに一般庶民からも意識されていたであろうことは推測できる。それ故にこそ、空海は、『般若心経秘鍵』の執筆と講義を決意したのだと思う。これについては、すでに述べたところである。

もちろん、『般若心経』にある一般の人びとに受け入れやすい第一や第二の特性も『般若心経秘鍵』の執筆を決意させた重要な要素であることは否定できない。おそらく、空海は、誰でもが知っており、読誦できる経典であるからこそ、実は密教の経典に他ならないことを証明する必要があると考えたのではなかったのかと推測するからである。

ところで、空海が『般若心経』の特性と理解した真言陀羅尼について、帝や僧侶から一般庶民までいわゆる「羯帝羯帝」の四句の偈に注目していたことは、淳仁帝の勅からも明らかである。

しかし、空海は、単純に四句の偈を高く評価したとは思えない。何故なら、空海の視線は梵字真言に向けられているからである。つまり、梵音の音写漢字と梵字悉曇そのものとは、本質的に異なるからである。

先に、空海が声字実相の字義を阿字を例にして説明していたことを見た。その折、阿字の深秘な字義が証《あか》されるのは、音写漢字の阿字ではなく梵字真言の𑖀《ア》字にこそあることを見た。すなわち、空海の『般若心経』評価の最大の特性は、梵字真言そのものにあったと見てよいであろう。

ところで、この梵字真言について疑問に思うのは、空海は、所依とした梵字の『般若心経』をどこで手にしたのであろうかということである。梵字の『般若心経』には小本系と大本系の二種類があることはすでに触れた。空海が梵字の『般若心経』をいつどこで手にしたのかということについて、『般若心経秘鍵』の代表的な注解・注釈書を参照したが、誰も説明していない。ただ、小本系の梵字貝葉《ばいよう》本『般若心経』が六〇九年に伝来し、法隆寺に収められたという説明があるのみである。

したがって、この疑問を解く確実な資料を知らないが、多少の臭い程度なら推測できると思っている。それは、空海の『請来目録』に、般若三蔵から貝多羅葉《ばいたらよう》の経典（梵夾《ぼんきょう》）

三口を付嘱されて、「この経を持って帰り彼の国（日本）に縁を結び、人びとを救ってほしい」という言葉を受けている。この貝葉本三口に梵本『般若心経』が含まれていたかどうかは不明であるが、可能性もある。そして、本邦第二の大阿闍梨実恵を師とする入唐八家の一人である慧運（安祥寺開基）の『慧運律師書目』に「梵本般若波羅蜜多心経一巻、醴泉寺《れいせんじ》般若三蔵梵本」（『大正大蔵経』巻五十五、一一六八B番）とあること。さらに、『般若心経秘鍵』で『般若心経』翻訳本の五番目に般若三蔵の『般若心経』（大本系）を紹介していることである。

この三つの記録から言えることは、空海が入唐の前に法隆寺本の梵本『般若心経』を手にしていたかどうかに拘わらず、入唐後、長安の西明寺に移った八〇五年（延暦廿五年）二月十日頃から六月上旬頃、青龍寺の恵果阿闍梨のもとに行く間、醴泉寺《れいせんじ》の般若三蔵から梵字悉曇を修学していた短い期間に、梵字『般若心経』を閲覧し、書写したことは十分にありうると思う。

この問題はそれとして、要するに、空海は、総帰持明分の明呪と秘蔵真言分の梵字真言に『般若心経』の真髄を見いだし、その真言陀羅尼の持つ意義すなわち「すべての教えが真言に帰す」あるいは「『般若心経』のすべては陀羅尼に帰す」ことを理解したとき、この経典に隠された最高の価値がわかったのだと思う。

二　密教の証明について

次に、空海は、『般若心経』を密教の経典であると解釈しているが、この解釈の根拠つまり密教と規定する基準あるいは視座とは何であったのかについて考えてみたい。

そこで先ず、『般若心経秘鍵』の中で密教を示している概念を取り出して、考察することにする。

第一に、空海は、「五分科」の第二分別諸乗分で説明している六宗の教えが「三摩地門」の教えであると述べている。この概念については、すでに第二章で『辨顕密二教論』上巻最後にある「真言法の中にのみ即身成仏するが故に、これ三摩地の法を説く。諸教の中において闕して書せず」という『菩提心論』から引用している文章を示したが、この文言について、空海は、次のように喩釈していた。

> 喩していはく、（略）諸教とは他受用身及び変化身等の所説の諸《もろもろ》の顕教なり。これ三摩地の法を説くとは、自性法身所説の秘密真言三摩地門これなり。（『辨顕密二教論』上巻）

すなわち、「真言の教え（法門）のみが即身成仏を説いており、その三摩地の法については、諸教は説かない」とある文言について、空海は、諸教とは諸々の顕教のことであり、三摩地の法を説くのは秘密真言三摩地門すなわち密教だけであると述べているのである（注、この文にある「他受用身及び変化身等」とあるのは、報身、応化身を指しているのであって、法身の他受用身や変化身を意味しているのではない）。

空海は、真言の教えを説くことと、三摩地の法すなわち三密瑜伽行あるいは入我我入を行法とするところに、顕教に対する密教の独自性を見ているのである。したがって、この二つの概念、真言の教えと三摩地門については、空海が密教独自の概念であると考えていたことがわかる。

第二に、第三章で「真言密教は法身の説」について説明したが、空海は、密教の説法は法身説法であり、顕教の説法は対機説法であると説いている。この説法形式の違いで顕密の教えを区別する理解は、『辨顕密二教論』以来の主張である。しかし、『辨顕密二教論』では、自性法身大日如来が説法しているという形式になっているのに対して、すでに説明したように、『秘蔵宝鑰』では、法身説法の意味がかなり異なっている。すなわち「大日如来が自眷属の四種法身と共に自受法楽の故に説く」という形式になっている。いわば、この大自然の一切の存在者が互いに真理実相を説き合っている、享受し合っているという説法のあり方を指しているのである。この形式の法身説法は、空海独自の法身説法概念ではないかと思う。教主が聴聞衆（対告衆）に向かって説くという形式ではないからである。
したがって、『般若心経』の釈迦仏が舎利弗たちに説いている説法が密教の説法と理解するためには、変化法身釈迦如来と等流法身舎利弗たちとが般若の智慧を互いに自受法楽の形式で説き合い、享受し合っていると理解する必要がある。

第三に、密教の「ことば」の問題である。空海は、『声字実相義』と『吽字義』で密教の「ことば」について論じているが、両書の趣旨と内容は異なっている。『声字実相義』は、この大自然あるいは現象世界（五大の世界）いわば客体が語りかけている真理実相をあらわす「ことば」とは、いかなる「ことば」であるのかを明らかにしている。すなわち、大自然・宇宙の「ことば」を声字実相と規定し、法仏の真言であり語密に他ならないと述べているのである。この真言、語密についてはすでに説明したとおりである。

『吽字義』の「ことば」の問題は、内なる心《しん》・意《い》・識《しき》つまり主体の本来的なあり方を追求しているものである。空海は、その探求の通路として識大の種子である「吽」（hūṃ）字を取り上げ、吽字を構成している四字すなわち訶《か》字（ha、因）、阿《あ》字（a、本初）、汙《う》字（ū、損減）、麼《ま》字（ma、我）に分析し、その四字について、顕教が表面的な字相を字の意味と理解していることに対して、密教は、表面的な字相に隠された字義・実義を読み取り、その意味こそが法仏の語る存在の真理実相すなわち不可得中道を証《あか》している智の「ことば」

であり、法仏の真言（大心真言）であり、語密に他ならないとする。

すなわち、『般若心経秘鍵』で扱われている声字実相や字義の概念はもとより、真言そのものの意味が法仏の「ことば」であり、語密（法曼荼羅）であり、それを表象している心真言（梵字種子）であるというのである。その意味で、この心真言が『声字実相義』と『吽字義』の「ことば」の思想性と意味を反映していることを了解しておく必要がある。

第四に、『十住心論』と『秘蔵宝鑰』で説かれている十住心思想である。両書で扱われる十住心思想は、それぞれの住心の意味づけが異なる二つの理解を示している。

一つは、『十住心論』に説く「九顕十密」の立場、すなわち第一住心から第九住心までの九種の住心も本来的に密教の住心であるとする理解である。すなわち、

もしよく明らかに密号の名字（ことば）を観察し、深く荘厳秘蔵を開けば、地獄天堂、仏性闡提、煩悩菩提、生死涅槃、辺邪中正、空有偏円、二乗一乗、みなこれ自心仏の名字なり。いずれをか捨ていずれをか取らん。（『十住心論』）

すなわち、仏の「ことば」に隠された意味をよく観察し、秘密荘厳の蔵を開くと、地獄・天堂、仏性・無仏性、煩悩・菩提（さとり）、生死・涅槃ないし二乗・一乗等々は、すべて仏心の本質をあらわしている言葉である。したがって、地獄や煩悩を捨て、天界や菩提を取るというものではない。すべての心のあり方は、自らの心にある仏心の現れに他なら

ない。それ故に、第一住心から第九住心の前九種住心は、浅く簡略な心としてあらわれているにしても、本質的には深い密教の心の現れ以外の何ものでもないという。この住心理解が「九顕十密」の立場である。いわば、第一住心から第十住心までのすべての住心は、密教の住心であるとする思想、すべての心が法仏の心の現れであるとする思想である。

それに対して、後に執筆された『秘蔵宝鑰』の十住心思想は、すべての心が法仏の心の顕れであることを認めた上で、「九顕一密」の十住心思想を展開している。すなわち、

九種の住心は自性無し、転深転妙にして皆これ因なり

この二句は前の所説の九種の心をみな至極の仏果に非ずと遮す。(『秘蔵宝鑰』)

すなわち、「前九種の住心は揺るぎのない不変の性質を持たない(無自性)が故に、深い教えに移り、すぐれた教えに移っていくための原因となっている」という言葉(偈)について、前の九種の住心は、みな至極のさとりではなく、無明の分位である。それ故に、前九種の住心は、仏果である第十住心の因分である。あるいは、仏果は前九種の住心を因として成立している、と説明している。この十住心理解が「九顕一密」の立場である。

密教の住心である第十住心がその前の九種の住心を因として成立しているという意味は、第一住心から第三住心までの世間心の存在を仏果の因として認めていることである。そして、第四住心から第九住心までの出世間心は、仏教の教えを深め高めていく住心であ

って、各住心は前の住心を因として、新しい住心世界を成立させて来たと捉えているのである。この立場は、前九種住心あっての第十住心であると説いていることになる（注、第一住心とは動物的な欲求の心、第二住心とは倫理道徳を意識する心、第三住心とは超越的世界（天界）を憧れ想定する心である）。

そこで、これらの十住心思想を視座にして『般若心経秘鍵』五分科で解説している諸乗の住心について考察してみたい。

ところで、空海は、十住心の語については『般若心経秘鍵』のどこにも言及していない。そのために、解読、解釈者の中には、空海は、『般若心経秘鍵』では十住心について説いていないと断定する研究者が見られる。その見解は、分別諸乗分において十住心に言及しているのは、唯蘊無我と抜業因種の言葉を出して二乗の教えを説いている声聞・縁覚の第四住心と第五住心についてのみであるというものである。したがって、この二つの概念だけで十住心を説いていると考えることはできないというのである（注、この解釈は、空海が否定するまさに文字面に拘泥している見解以外の何ものでもないと思う）。

しかし、分別諸乗分の諸乗（顕教）解釈と総帰持明分と秘蔵真言分の真言解釈は、明らかに第四住心から第十住心までの十住心思想を証していることは確かであるし、空海自身もそのことは十分に留意していたと思う。

すなわち、すでに考察したように、空海は、分別諸乗分においては、『般若心経』の文言から建の華厳宗・第九住心、絶の三論宗・第七住心、相の法相宗・第六住心、二の声聞と縁覚の第四住心と第五住心、一の天台宗・第八住心を読み説いていた。すなわち、『般若心経』の「色不異空」から「無所得故」までの文言、語句に顕教の第四から第九までの諸住心を読み説いているのである。

そして、第一住心から第三住心までの世間三個住心について言えば、『般若心経秘鍵』ではまったく論考されていない。しかし、空海は、『般若心経』冒頭の「照見五蘊皆空」すなわち「五蘊は皆空なりと見抜いた」という文言について、大意序で「五蘊すなわちこの人間の肉体と精神は仮の集まりであって、実体は空であり、この世界が迷いの世界（境界）であることを示している」と述べている。なお、「五分科」の人法総通分の頌では、「五蘊（五衆）の本性が空であることを覚った」と述べている。

いずれにしても、五蘊の世界に住する心は、実体のない世界に執着するために、我の存在に執着し、自己の欲望や欲求の実現を目指し行動する心のあり方（住心）であり、そのためにますます迷いと苦しみを深くする心である。

空海は、この世間三箇住心について、『秘蔵宝鑰』では次のように説いている。第一住心は、善悪を弁《わきま》えず、事柄に因果、因縁のあることを信じようとしない心であり、利己的で恣意的な我欲だけの心である。第二住心は、道徳的な善悪の判断ができる心であるが、その本心は、自我の欲求を追求する心であり、その結果ますます迷いと苦しみを深くする心である。第三住心は、この迷いと苦しみの世界を逃れようとして天上界を憧れるが、現実を否定し忌避することによって天上界を盲信してしまう心であるという。

この世間三箇住心が生み出す迷いと苦からの救済すなわち「度一切苦厄」の教えとして分別諸乗分の六宗の住心を説き、そして、最後に総帰持明分と秘蔵真言分は、真言・陀羅尼の心すなわち第十住心を説いているのである。

このような『般若心経秘鍵』全体の解読、解釈からわかることは、空海が十住心思想を十分に意識しながら『般若心経』解釈を展開していると理解できることである。そして、この理解からすると、空海は、『般若心経』が密教の経典であることを証明する重要な論拠を十住心を説いているか否かに設定したのではないかと考える。

すなわち、空海は、『般若心経』が密教経典であることを証明するためには、顕密のあらゆる住心を包摂する密教の独自な思想性を端的にあらわしている十住心思想を経文から読み取り、解釈する必要があると考えたのではないだろうか。その結果、『般若心経秘鍵』「五分科」を著述することによって、『般若心経』がまさに「秘密曼荼羅十住心論」を説いている経典に他ならないことを示したのではないかと思う。

三　智慧の完成と利益

『般若心経』の主題は、「般若波羅蜜多」すなわち智慧の完成について、その意味内容を本質的に説くことにある。空海もまたそのような『般若心経』の主題を理解した上で、密教の智慧の完成を求めるが故に、この経典の説く一字一句一行に密教の実義（深秘の真実義）を読み取り解釈しようとしているのではないかと思う。

したがって、密教の視座から読み込まれた「般若波羅蜜多」の概念（意味内容）は、当然、顕教ではなく密教の思想性を反映していることになる。そこで、密教の視座から把握された智慧の完成とは、いかなる意味や内容を言うのかを考えてみたい。

空海は、総帰持明分で「智慧の完成は大いなる真言（大神呪）、大いなるさとりの真言（無上呪）、云々」とある『般若心経』の文言について、これは、「真言の名と体と相を説いており、また四種の明呪は声聞、縁覚、大乗、密教の真言を示している」と述べていた。

しかし、「智慧の完成（般若波羅蜜多）は」とあるが、この智慧について、そもそも密教の智慧とはいかなる概念であるのかという説明は見られない。真言が密教の智慧を表象しているとしても、顕教の機根しか具えていない人びとに対しては、真言が表象する意味内容を顕教の言葉で説明する必要があるのではないかと思う。そこで、空海が密教の智慧について述べている文言（説明語）などを諸著や関係文献などから取り出しながら、智慧の完成について考察してみたい。

『般若心経』の中で般若の智慧すなわち般若波羅蜜多の語句が見られる箇所は、「五分科」で示すと、第一人法総通分と第三行人得益分（二箇所）、第四総帰持明分、第五秘蔵真言分の五箇所である。この中で、空海が般若波羅蜜多の内容に触れているのは、行人得益分の解釈においてである。

この行人得益分では、「般若は能因能行」と述べている。この般若（智慧）は、具体的には経文の「依般若波羅蜜多故」の般若の智慧を指している。すなわち、般若の智慧が因であり、この智慧を実践することが行であるという。そして、三世の仏たちも智慧の完成に依るが故に（安んじて）この上なき真実なる仏のさとり（阿耨多羅三藐三菩提・無上正等正覚）を得たと述べている。顕教的には、この智慧の完成は、無上正等正覚である仏果を意味している。

しかし、空海は、『即身成仏義』などでは、智慧の完成の境地に安んじるあり方、阿耨多羅三藐三菩提を密教の果位すなわち成仏のあり方とは考えていないようである。そこで、密教の智慧について、そもそも空海がどのように理解しているのかを明確にしておきたい。

これについて、『大日経』(『大毘盧遮那成仏神変加持経』)住心品に次のような一節がある。

持金剛秘密主が問う。世尊、是くの如き智慧(一切智智)は何を以ってか因と為し、云何んが根と為し、云何んが究竟とするや。仏(毘盧遮那仏)のいわく、菩提心を因と為し、悲を根本と為し、方便を究竟と為す。(『大日経』「入真言門住心品」第一、『大正大蔵経』十八巻八四八番)

この文言は、いわゆる三句の法門と呼ばれている一節である。すなわち、持金剛秘密主が仏の智慧とはどのような内容を持った智慧であるのかを問うた答が、「菩提心を因とし、大悲を根とし、方便を究竟と為す」という智慧であると規定しているのである。

空海は、『吽字義』でこの三句の法門を初めて引用し、吽字の字義(深い意味)を説明している。その中で、三句の法門について次のように述べている。

諸経論等に明かすところの理というのは、しばらく大日経および金剛頂経に明かすところ、みなこの菩提心を因とし、大悲を根とし、方便を究竟と為すの三句に過ぎず。

(『吽字義』)

すなわち、諸経論等に説かれている理趣(道理)は、『大日経』(住心品)や『金剛頂経』(『般若理趣経釈』等)に説かれている「菩提心を因とし、大悲を根とし、方便を究竟と為す」という三句の法門に尽きるというのである。そして、「一切の教義、この三句に過ぎず」

と述べて、諸経論等の教えをもっとも根本的な立場から見るとき、そのすべての教義（智の体系）がこの三句に包摂されていると述べている。

すなわち、空海は、『大日経』住心品に説く密教の「智慧」の概念をそのまま受け入れているのである。そうすると、空海は、菩提心すなわち仏のさとりの心（大菩提心）を因とし、大悲を条件とし、さとりの智慧を実践すること、実現すること（方便）を目的とするあり方に密教の智慧のあり方を見ていることがわかる。

この視座からすると、空海は、『般若心経』の般若波羅蜜多（智慧の完成）が行人の到達すべき目的（究竟）ではなく、行人の心を動かす因であり、大悲に規定され条件づけられて、他者に向かって、すなわち大悲の行為として、さとりの智慧を実践するところに真実の智慧のあり方が存すると考えていることになる。

いわば、空海が『般若心経』に見ている智慧は、「序分」発起序の頌で『般若心経』の主題を三摩地門すなわち密教の智慧の実践としての「生死の苦からの救済」にあると述べていたように、この智慧は、「能く一切の苦を除く」実践の智慧であり、利他の智慧であり、誦持講供する人びとが得る利益、すなわち「抜苦与楽」と「得道起通」を実現する密教の方便智であったということである。

この説明から、空海が把握している密教の智慧が三句の法門に存することはわかったが、それでは、智慧の完成とは、いかなる智慧のあり方をいうのであろうか。
行人得益分では、阿耨多羅三藐三菩提（無上正等正覚）すなわちこの上なき真実である仏のさとりを証果、つまり仏の境地に入ること、涅槃であると述べていた。

この理解は、明らかに顕教の成仏思想を示している。すなわち、『即身成仏義』や『吽字義』などから読み取ることができる成仏思想とは異なる思想といえる。

『即身成仏義』などで説かれている成仏のあり方は、次のように説かれている。

法身仏の境地に入って、一切智智を具えて、自他平等となり、すべての仏と同じく、常に無条件の大悲心を以って無量の一切衆生を利益し安楽ならしめ、偉大な仏として化他の作業を行うことである。（『即身成仏義』）

すなわち、空海は、仏智いわば般若の智慧を因として、大いなる仏の化他の作業を為し、無量の一切衆生を利益し安楽ならしめるところに仏存在を見ているのである。それは、さとりの智慧を獲得することが成仏ではなく、さとりの智慧を実践実現し、衆生を利益し安楽ならしめるところに成仏の意味を捉えている思想である。いわば、仏の大悲を根本とする化他（利他）の実践思想に密教の智慧の完成と智の利益を見ているのである。

このような智慧の完成の意味理解からすると、仏とは、仏の境界や境地に静かに安住することではなく、その座から立ち上がり、無数の法身となって無量の一切衆生のためにさとりの智慧を実践、実現する智の存在者に他ならないということになる。

さて、ここまで密教の智慧概念について、空海がどのように捉えているかを見て来た。その結果、行人得益分の文言は、仏の果位を阿耨多羅三藐三菩提すなわち無上正等正覚という無上の仏のさとりの境地自体に求めているとしたら、『即身成仏義』などとは異なる成仏思想を述べていることになる。

しかし、『即身成仏義』の化他の作業・大仏事を為すことが智慧の完成であるとしたら、その因は、三句の法門においては、発菩提心や上求の菩提心ではなく、大菩提心すなわち仏のさとりの智慧と心である。『吽字義』では、この大菩提心を因として大悲に条件づけられたさとりの智慧の実践、実現（行）にさとりの智慧の完成（果）を見ている。

この三句の法門の因概念からすると、大胆な推論ではあるが、空海は、行人得益分で述べている果位としての阿耨多羅三藐三菩提こそが三句の因に相当すると理解しているのではないかと思う。

すなわち、この場合の阿耨多羅三藐三菩提の意味を無上正等正覚（仏果）の意味ではなく、もう一つの意味である「最高至上のさとりを求め、それに向かう心」（中村元『仏教語大辞典』東京書籍）という意味に理解するならば、空海は、阿耨多羅三藐三菩提心すなわち密教の成仏の因となる大菩提心を獲得するところに、行人の利益を読み取っていると理解することができるのである。この理解に立つとき、『般若心経秘鍵』の成仏思想と『即身成仏義』や『吽字義』の成仏思想との乖離が消えることになる。

ところで、大意序では、何故、『般若心経』の「菩提薩埵」から「三藐三菩提」までの一節について、一部の語句には触れているが、肝心の阿耨多羅三藐三菩提についての解釈がなされていないのであろうか。それに対して、何故、「五分科」ではこの一節を解釈しているのであろうか。

この疑問については、誰も問題にしていないが、あえて推測すると、大意序で取り上げなかった理由は、『般若心経』の阿耨多羅三藐三菩提の語句が顕教の果位である仏のさとりの境地を意味しているからではないかと思う。密教においては、三句の法門が説いているように、顕教の果位である仏のさとりそのものである大菩提心は、因位であっても決して果位ではないからである。そのために、大意序では、密教的解釈を行うには、阿耨多羅三藐三菩提の語句から軽々に扱えない重みを感じ取ったのではないだろうか。

しかし、年少の弟子たちに『般若心経』の一字一句一行の語句などを解釈し、その本質を説明するためには、この一節を省略することはできない。そこで、三句の法門の因とは、顕教の阿耨多羅三藐三菩提すなわち無上の仏のさとりそのもの（大菩提心）に他ならないこと、すなわち顕教の果位が密教の因位であることを教えるためにも、この一節を忠実に解釈したのではないかと思うが、どうであろうか。

四　『般若心経秘鍵』評価と空海の周辺

最後に、『般若心経秘鍵』の解読、解釈の中で、筆者が別な視点から取り上げてみたいと思っている問題について、空海の範囲を広げて考察してみたい。

第一は、当時の奈良仏教界の学匠たちは、『般若心経秘鍵』の内容についてどのように評価したのであろうかということである。

例えば、この時期には入寂していると思うが、会津の徳一（法相宗の学僧）であれば、密教についてまったく理解しようとしなかったことからすると、『般若心経』の語句や経文の説明と解釈について正統的でない箇所を具体的に指摘し、そのような説明や解釈が許されないことをしつこく主張するに違いないと思う。

徳一の思考と論理からすれば、空海の解釈や説明は、経文の文脈から飛躍した筋の通らない、絶対に許せない、経論を根拠としない、捏造したものであることが明々白々であるからである。しかし、「般若波羅蜜多（智慧の完成）の故に、羯帝羯帝云々の真言を説く」という『般若心経』の最後の文言については、次に取り上げる最澄と同様に触れないと思う。

理解できないからである。あるいは単なる付け足しぐらいに考えていたのかも知れない。

なお、最澄は、『摩訶般若心経釈』（『伝教大師全集』第三所収）を著述している。この『経釈』は、『般若心経』の経文について堅実で整理された正統的な語義解釈や説明などを施している。経文の顕教的解釈を理解する上ですぐれた著書であると思う。しかし、実際はすでに入寂しているのだが、仮に『般若心経秘鍵』に目を通したとしても、経論からの裏づけを権威とする彼の正統的理解では、誰も説いていない空海の密教的解釈には付いて行けなかったのではないだろうか。そして、最後の真言陀羅尼に視点をおいて『般若心経』を解読、解釈している空海の作業に対して、おそらく憮然としたのではないだろうか。何の言葉もなかったと思う。

そのことはさて置いて、最澄の『経釈』にある『般若心経』の語句の解説の中には、空海と同じ説明もある。例えば、冒頭の「摩訶の二字、これは大と訳す。この大は多、勝の二義を具す」とあるが、この説明は空海と同義である。なお、最後の明呪については「能く一切の苦を除く」と述べて、「般若の大悲は法界に周遍して衆生を利（益）する」と述べている。「能除一切苦」に大悲を読み込む理解は、光仁帝の勅と同じであるし、空海も同様に理解している。

もう一つ付け加えれば、最澄が法蔵の『般若心経略疏』にある文章や語句の影響を受けていることは明らかである。例えば、「般若は智慧と訳す。一には実相般若、二には観照般若、三には文字般若なり」の説明がそれである。ただし、最後の「羯帝羯帝」以下を「秘密般若」とする法蔵の説明は採用していない。なお、空海は、この四種の般若概念には言及していない。

そして、空海が『般若心経』の核心とも理解している最後の真言（羯帝羯帝など）については、まったく触れていない。当然と言えば当然であるが、最澄には梵音真言の意味や意義を解釈、解説することができなかったのはやむを得ないことである。

第二は、奈良仏教界の諸学匠たちが『般若心経秘鍵』と空海についてどのように評価したのかということである。次に考察するところからすると、おそらく空海の解読、解釈についての評価よりも、空海個人に対する反感あるいは反発が先だったのではないだろうかと推測している。

空海は、大意序の「童を教える次いでに」の箇所で、「この経典に注釈を付けた人はこれまで多数にのぼるが、未だかつて私のようにこの経典の幽玄な意味を読み取った人はいない」と述べていることについて、学匠たちの反応を考えてみたい。

この言葉は、文字通りの意味でしかない。しかし、この言葉を「問答決疑分」の第二の問答にある「顕密は人にあり、声字は即ち非なり」すなわち、顕教と密教の違いは、受け取る側の人による。経文の言葉ではない、という文言と合わせて考えると、周囲に大変な反発、反感を引き起こしたのではないだろうかと思う。

なぜなら、これまで『般若心経』を読み、講義し、注釈してきた奈良仏教界の学匠たちをあたかも経典の本質や意義を読み取れない者と決めつけているかのように読めるからである。きつい言い方をすれば、これまでの学匠たちは、『般若心経』の真髄を読み解けず、文字面にこだわった陳腐な解説に熱心であったとでも言っているに等しいからである。

以下、多少脇道に逸れるが、この時期の空海は、僧尼を統理し諸大寺を管理する官職である僧綱職にあって大僧都（次席）に就いている。僧正（長）の護命（八三四年・承和元年九月十一日寂、八十四歳）の高年齢を考えると、この時期の僧綱において、実質的に最高の地位にあったはずである。しかし、この発言は、そのような地位にいるから言ったのではないと思う。無位無冠であっても、やはり同じように述べたと思う。もっとも、学匠たちが空海をどのように見ていたかは別であるが。

この注釈者評価を聞いた学匠たちは、心穏やかではなかったのではないかと思う。しかし、「この経典の幽玄な意味」について、空海以上の思想性を以って反論する力量は、彼らにはなかったと思う。そこで、何故、彼らがそれでも空海に反発し、反感を持ったかということを推測させる理由として、筆者は次のような事情を考えている。

当時の僧綱職は、僧正（一人）、大僧都（一人）、少僧都（一、二人）、律師（四人）の四等官である。慣例は律師から昇級していく。ところが、空海は、八二四年（天長元年）に淳和天皇の勅によっていきなり少僧都になるが、すぐに致仕している。天皇の勅を断るということはあり得ない行為である（注、少僧都を辞職した資料は、『性霊集』巻第四「少僧都を辞する表」及び同巻第六「天長天皇、橘寺に入る願文」に「致仕の僧都空海、少僧都豊安、云々」とある。これらの資料から、空海が少僧都を辞したことがわかる）。

しかし、八二七年（天長四年）に大僧都に任命されている。この帝による僧綱職とくに大僧都への任命は、慣例からすると超異例というべきである。そこに、『般若心経』の「幽玄な意味を読み取れない」という学匠批判である。空海への反発、反感があって然るべきであるということになる。

空海入定（八三五年・承和二年）後、僧正位の贈与は、二十二年後の八五七年（天安元年）に弟子の真済僧正（真言宗の初例）の上表によって大僧正が追贈されている。空海の前任の岩淵寺（三論宗）の勤操《ごんそう》大僧都は入寂後すぐに僧正位が贈られており、後任の唐招提寺（律宗）豊安大僧都は入寂翌年に僧正位が贈られている。このような僧正位贈与の扱いを考えると、奈良の学匠たち、更に後年には天台宗の学匠たちが空海に対して持っていた反発、反感の程度が推察されるのである。

おわりに

空海は、『辨顕密二教論』の中で『釈摩訶衍論』(巻第二)から次の一節を引用している。場面は、釈迦が舎利弗(子)の質問に答える問答の場である。

わたし(釈迦)は、義語(真実語)で真実の意味を説くのである。わたしの説くところは、義語で語るのであって、文語すなわち言語による意味の説明や表現ではない。あなたたち衆生の説は、文語による説明や表現であって、真実の意味を表すものではない。(『辨顕密二教論』巻上)

この一節は、まさに釈迦仏が舎利弗に観自在菩薩のさとりの智慧を説いている『般若心経』の場面と重なる。そして、釈迦仏の説法の「ことば」は、義語すなわち真実語である真言であり、衆生の言語である文語すなわち説明語ではないという。すなわち、『般若心経』の語句や文言は、大意序で、「仏の説法は、一字に五乗の教えの意味を含み、一念に三蔵の教えを説いている」と述べている義語、真実語であったのである。

それ故に、『般若心経』の一字一句一行の語句や文言を義語つまり真実語あるいは真言として解読し、解釈するとき、『般若心経秘鍵』が自《おの》ずから生まれたということになる。

そして、先の『辨顕密二教論』の一節から見ると、空海の経典の語句や文言についての認識は、『般若心経秘鍵』著述の晩年においても変わらない一貫した視座から為されていることがわかる。

空海は、この視座すなわち真実語（真言）であらわされるさとりの智慧の完成（般若波羅蜜多）を大悲の実践行として捉えているのである。この思想は、即身成仏思想においては、利他への「大いなる仏の作業を為すこと」として、『吽字義』ではその智慧の形式を三句の法門で示すこととして、十住心思想においては、すべての住心がその本来性において仏心である視点から一切衆生の心のあり方を見ることとして、それぞれに説かれているのである。

そして、『般若心経秘鍵』においては、さとりの智慧の完成を実践する行者（修行者）に大菩提心（因位）を覚る道を示し、『般若心経』を誦持講供する者に抜苦与楽と得道起通の利益を得せしめるのである。

ところで、奈良仏教は、建前として三論宗の『中論』などや法相宗の『成唯識論』などの論書を主として研究する学問仏教（論宗）であった。仏教経典は、僧侶の独占する学問書であり、庶民の読誦する信仰のための経典ではなかった。しかし、『般若心経』は違った。天皇の勅が命ずるように、庶民の誦持念誦する唯一の経典であったのである。空海がこの特異性あるいは民衆性に注目したことは明らかである。

その意味で、筆者としては、空海の『般若心経』評価の真意は、この経典の文意を学匠のように諸経論を参考資料として、学問的正統的に読み取り、解読・解釈することではなく、ただひたすら読誦し念誦することで十分であったのかもしれないと思いたくなる。

しかしそれでも、空海は、『般若心経』を単なる読誦し念誦するだけの経典とは考えなかったようである。それ故に、経文の一字一句一行に深い実義すなわち真実の意味が語られていること、すべての心のあり方が真言に帰することが説かれている密教経典であることを明らかにするために『般若心経秘鍵』を執筆したと理解している。

参考文献

松長有慶『空海　般若心経の秘密を読み解く』春秋社　二〇〇六年。

高野山大学の通信教育用のテキストとして執筆された書である。内容は、初心者にもわかりやすく執筆されている。仏教や密教の基礎知識はもちろん、最近の研究書にも触れており、専門的知識の説明もある。その意味で、幅広い読者に対応している書であるといえる。

村岡空『般若心経秘鍵入門』大覚寺出版部　二〇〇四年。

筆者の精魂を込めた執筆は感動的である。『般若心経秘鍵』の周辺の文献などを挙げながら、弘法大師の心を読み取ろうとしている。特に「夫れ仏法遙かに非ず、云々」の名文について、明曠著述説を否定する論考は、筆者の執念を感じさせる。

栂尾祥雲『現代語の十巻章と解説』高野山出版社　一九八五年版。

勝又俊教『秘蔵宝鑰・般若心経秘鍵』仏典講座三二　大蔵出版　一九七七年。

高木訷元『空海　生涯とその周辺』吉川弘文館　二〇〇九年。

村上保壽『空海教学の真髄―「十巻章」を読む』法蔵館　二〇一六年。

あとがき

私のような空海の密教思想にテーマを設定している者には、『般若心経秘鍵』は論文にし難い書である。空海の密教思想を取り出す作業は、文献学的に注解・注釈を中心に扱う作業ではないために、その方法論がしっかりしていないとテーマとその思想を取り出すことができないからである。

特に『般若心経秘鍵』は、空海の従来の著作に見られる経典・論書を所依（根拠）とする方法ではなく、しかも『般若心経』の文言や語句について、仏教界一般の正統的な解読、解釈にまったく従わず、独自な解読、解釈を展開している。そのために、『般若心経秘鍵』の経文解読や解釈から空海の密教思想を読み取るためには、読み手の視点（方法論）が問題になるのである。

それでも十年前に「般若心経の本質」（『弘法大師の救済論』高野山真言宗参与会事務局一九九九年所収）のテーマで執筆したが、『般若心経秘鍵』全体を視野に収めた視点から著述することができなかった。

昨年の初夏、横浜の弘明寺で開催された神奈川事教相研究会で『十巻章』を扱ったとき、『般若心経秘鍵』を講義した原稿と資料をもとにあらためて書き上げたのが本書である。

弘法大師空海の密教思想を研究して三十七年、傘寿を迎える歳になって初めて『般若心経秘鍵』を真っ正面から取り上げ、本書を執筆することができたことに感慨深いものがある。本書の上梓で『十巻章』の考察が終わり、空海研究に一応の区切りを付けることができたと思っている。

最後に、本書の出版に際して、セルバ出版森 忠順社長には大変お世話になり、感謝の気持ちで一杯です。森社長には、二〇〇八年に『現代社会を弘法大師の思想で読み解く』の出版でお世話になっています。その縁もあって、本書の出版作業についてはスムーズに進めることができたと思っています。ここに心からの謝意を表します。

二〇二〇年一月四日

虚空庵　村上保壽

著者略歴

村上　保壽（むらかみ　やすとし）

1941年京都府生まれ。65年東北大学文学部哲学科倫理学専攻卒業、東北大学大学院文学研究科修士課程実践哲学専攻修了。東北大学助手、山口大学教授、高野山大学教授、総本山金剛峯寺執行、高野山真言宗教学部長を経て、現在、高野山大学名誉教授、博士（文学）東北大学。伝燈大阿闍梨、主教。
おもな著書に、『空海教学の真髄』（法蔵館）、『空海　日本人のこころの言葉』（創元社）、『空海のこころの原風景』（小学館101新書）、『空海のことばの世界』（東方出版）ほか多数。

空海の般若心経

2020年1月28日 初版発行

著　者　村上　保壽

発行人　森　忠順
発行所　株式会社 セルバ出版
〒113-0034
東京都文京区湯島1丁目12番6号 高関ビル5B
☎ 03（5812）1178　FAX 03（5812）1188
https://seluba.co.jp/
発　売　株式会社 創英社／三省堂書店
〒101-0051
東京都千代田区神田神保町1丁目1番地
☎ 03（3291）2295　FAX 03（3292）7687

印刷・製本　モリモト印刷株式会社

Printed in JAPAN
ISBN978-4-86367-552-0